名师名校名校长

凝聚名师共识
回应名师关怀
打造名师品牌
培育名师群体

红岭中学教学研究成果汇编

深圳市红岭中学（红岭教育集团）编

辽宁大学出版社
Liaoning University Press

图书在版编目（CIP）数据

红岭中学教学研究成果汇编/深圳市红岭中学（红
岭教育集团）编．—沈阳：辽宁大学出版社，2022.12
ISBN 978-7-5698-1067-7

Ⅰ．①红… Ⅱ．①深… Ⅲ．①中学－教学研究 Ⅳ.
①G632.0

中国版本图书馆 CIP 数据核字（2022）第 249120 号

红岭中学教学研究成果汇编
HONGLING ZHONGXUE JIAOXUE YANJIU CHENGGUO HUIBIAN

出 版 者：辽宁大学出版社有限责任公司
　　　　　（地址：沈阳市皇姑区崇山中路 66 号　　邮政编码：110036）
印 刷 者：沈阳海世达印务有限公司
发 行 者：辽宁大学出版社有限责任公司
幅面尺寸：170mm×240mm
印　　张：13.25
字　　数：190 千字
出版时间：2022 年 12 月第 1 版
印刷时间：2022 年 12 月第 1 次印刷
责任编辑：李珊珊
封面设计：高梦琦
责任校对：渠铖铖

书　　号：ISBN 978-7-5698-1067-7
定　　价：58.00 元

联系电话：024-86864613
邮购热线：024-86830665
网　　址：http://press.lnu.edu.cn
电子邮件：lnupress@vip.163.com

序 言

习近平总书记多次强调，课程教材要发挥培根铸魂、启智增慧的作用，全面贯彻党的教育方针，立足基本国情，遵循教育规律，坚持改革创新，培养德智体美劳全面发展的社会主义建设者和接班人。

2017年《普通高中课程方案》和《普通高中课程标准》已经发布，落实《国务院办公厅关于新时代推进普通高中育人方式改革的指导意见》等文件要求，探索普通高中落实立德树人根本任务的新课程新教材实施，推进基础教育育人方式改革，提高普通高中的教育教学质量，是每一位基础教育工作者的责任和重要工作。

客观上，传统的学习方式面临着严峻挑战，难以适应新课程的目标要求和新教材实施方式要求。学生的学科学习，至少面临着二重矛盾，难以被克服和解决。第一，感性的丰富世界与抽象的符号化知识之间的矛盾。学生的经验是情境化的，而学科知识是高度抽象概括的、去情境化的。第二，多维立体的世界与学科学习中片面化知识之间的矛盾。学生的经验世界是立体的，而学科教材是片面与割裂的。单纯的学科教学，难以实现对必备品格、关键能力、正确价值观念的培养，学生核心素养的发展不易落实。

在新课程新教材背景下，一线教师有许多困惑。例如，如何创新实施高中新课程新教材；如何开展"基于情境、问题导向的互动式、启发式、探究式、体验式的课堂教学"；如何把核心素养落在实处，让学习真实发生，等等。

教学实践中有一个这样的案例，探究的问题是"飘零的树叶，落下后哪面朝上"。

按照数学上的概率来分析，结果应该是正面朝上和反面朝上的概率各占50%。但事实上是这样的吗？笔者带领学生到公园或路边进行调查研究，划出一片区域，数出正面朝上和反面朝上的叶子数目。结果，正面朝上的叶子明显多一些。多次调查的结论是一致的，这是什么原因呢？显然不能简单地用误差来解释。查找相关资料，得到这样的信息：栅栏组织靠近叶子正面，该组织内细胞排布整齐且精密，充满叶绿体，充分吸收阳光后产生的有机物多于背面。因此，叶子正面比背面密度大，即把叶子看成一个平面体的话，重心更靠近正面。问题终于解决了！

很明显，这个问题的分析和解决，涉及数学、生物、物理等多学科的知识和分析方法，是一个跨学科的真实问题。通过对这个任务落实和问题解决，我们发现，开展跨学科教与学的实践，经历发现问题、解决问题、建构知识、运用知识的过程，让认识基于实践、通过实践得到提升，能够有效提升学生解决实际问题的能力。

作为一种思想或理念的"跨学科"源远流长，可追溯至中国先秦时期和西方的古希腊哲学。国际上，作为一个特殊的知识领域，20世纪70年代被正式确立起来。跨学科学习是指两种或两种以上学科融合，模糊其学科界限，生成新的跨学科逻辑，进而探究问题或主题。超学科学习，是超越所有学科的界限，围绕共同的超学科主题展开探究，将所有学科在探究过程中融合起来，在解决问题的过程中发展学生的超学科理解的过程。

可见，为实现学生核心素养的有效落实，进行育人方式和教学方式的变革，势在必行。加强课程设计和课堂教学实施层面的实践探索，将"五育并举"要求落实在课堂教学之中，渗透在校园生活各环节、延伸到学生发展各方面，并在教学实践中广泛实验和论证，形成切实可行的普通高中课程新形态，成为了解决现实问题的"最后一公里"，具有现实意义。

学校课程与教师发展中心的吴磊主任与她的跨学科团队，长期以来扎根学校一线，深入课堂教学，着力于课程、教学、评价等方面的实践探索，长达20余年。以历史学科为基础，延伸到物理、数学、语文、生物、音乐、美术等各门学科，集中进行课程整合实践，发展学生的"跨学科理解"，并在课堂教学中全面实践、研究和推广。核心成果《基于项目式学习的高中课程新形态建构与实践》，获得2021年广东省教育教学成果奖（基础教育）一等奖。该成果主要解决高中教学中"高考至上""唯分数论"的观念问题，以项目式学习为切入点，聚焦学生的核心素养和关键能力培养，把教学情境化、活动化、课程化，整合与优化各学科内容与学科逻辑，形成"学科+跨学科+超学科"三位一体的高中课程新形态。

本书汇聚了课题研究团队的部分研究成果，采取理论阐述与教学案例相结合的方式呈现，内容充实、安排合理、图文并茂，通俗易懂，供教育科研人员和各学科一线教师研究或学习，具有很好的借鉴性、普遍性、实用性、启发性。具体方式方法可重复、可迁移，具有推广应用价值。

本书内容共包括四章。第一章《从过去走向未来》，从发展性评价着手谈起，主要进行"学科+跨学科+超学科"三位一体高中课程新形态的理论性系统介绍。第二章《国家课程多元化实施》，主要从学科课程的角度出发，重点落在课堂教育教学方式改革、"双减"背景下单元作业设计与实施上，多以案例的形式进行分析解读。第三章《国家课程体验性实施》，从跨学科的角度出发，突出了基于跨学科的项目式学习与实验探究，包括校内学习与校外学习的具体教学案例展示。第四章《国家课程活动化实施》，从超学科课程的建设与实施入手，介绍了超学科课程的开发、设计、组织、管理、评价的策略和方法，结合具体案例，特别是可视化成果展示，如学科研究成果、跨学科教学效果、超学科活动作品，等等。

深圳市作为普通高中新课程新教材实施国家级示范区，每一位教育工作者都有义务先行先试，并将教育教学中的点滴收获和感悟及时地与教育界同行交流，这是编撰本书的初衷。感谢您阅读这本书，希望本书能够给您带来有益的启示。

郭树英

2022年7月

目 录|

CONTENTS

第 一 章

从过去走向未来

第一节 起源：发展性评价

发展性课堂评价针对以分等和奖惩为目的的奖惩性评价（终结性评价）的弊端而提出，试图将国内外有关发展性评价的理念引入到历史教学实践中，进行梳理、归纳和分析，希望能够对中学教师实施发展性评价活动提供一定的理论和实践的参考。

全面推进教育改革，力求在把握发展性评价的含义、特点和理论基础，以及设计发展性评价的思路的基础上，结合学科本身的特点，从发展性评价的目标、评价的任务、评分的标准出发来阐述如何设计各学科发展性评价活动的问题。为学生确定个体化的发展性目标，不断收集学生发展过程中的信息。在此基础上提出具体的、有针对性的改进建议。它所追求的不是给学生一个等级分数并与他人比较，而是要更多地体现对学生的关注和关怀，帮助学生认识自我，建立自信。

过去的近20年间，我们以历史学科研究为核心，联动物理、地理、语文、美术等各学科，以学生全面发展、教师专业发展和学校可持续发展为前提，落实新课程提出的目标，促进学生自主健康发展，调整教学关系，构建学生自主互助学习型的课堂。

一、审视自身教学方式，从教学评价找突破

发展性评价是20世纪80年代以后发展起来的一种关于教育评价的最

新理念。华南师范大学历史教育学者黄牧航认为，发展性评价是针对以分等和奖惩为目的的奖惩性评价（终结性评价）的弊端而提出来的，主张发展面向未来，面向评价对象。其最大的创新就是强调对评价对象人格的尊重，强调以人的发展为本的思想。这种评价取向反对量的评价，主张质的评价，因为量的评价与评价的主体性追求是根本悖逆的。总体来看，价值多元、尊重差异是发展性评价的基本特征。

学生的综合素养是从人的全面发展角度出发，体现"促进人的全面发展，适应社会需要"这一要求，按照学生发展规律，规定了经历一定教育后其必须拥有的基本素养和能力，解决的是"培养什么样的人"的教育问题，是对教育目标的另一种诠释。

由于传统的评价方法在学校教育管理模式中根深蒂固，这种评价方法过分强调甄别与选拔的功能，忽视改进与激励的功能；过分关注对学习结果的评价，忽视对学习过程的评价；过于关注评价的结果，忽视评价过程本身的意义；评价内容过于注重学业成绩，忽视综合素质的评价和全面发展的评价；评价方法单一，过于注重量化评价，缺少体现新的评价思想和观念的新方法；评价主体多为单一元，忽视了评价主体多元、多向的价值。

结合历史学科的本身特点，我们展开了发展性评价一系列的新尝试，在由"应试教育"向素质教育的转化过程中，逐渐改变原有的学生评价观，用发展的眼光去评价我们的学生，以全面提升学生的综合素养。

二、改变教学评价方式，从课堂开始

2014年以前，研究团队基本以更新教师的教育观念，提升学生的八大素养，探究教师课堂评价的针对性，努力提高课堂评价的有效性为核心，扎扎实实地开展课例研究，建构有效教学策略，形成教学建议和常规，建立课堂评价标准，引导和促进课堂教学改革，促进师生和谐健康发展。

通过建立评价目标多元、评价方法多样的评价体系，利用多种教学手段的优化组合，让学生在自主探究和合作交流过程中真正落实"三维"目标，获得广泛的学习经验，成为学习的主人。这极大地发展了学生的智力因素和非智力因素，形成了有利于师生可持续发展的教学环境。

（一）开展合作学习，评价内容综合化

发展性课堂评价重视学生在知识以外的综合素养的提升，尤其是品德、身心、学习、创新、合作与实践等能力的发展，以适应人才发展多样化的要求。我们首先在历史课堂中开展的小组合作有效学习，正是发展性评价所倡导的一种教学方式。

为了形成组内合作、组间竞争的格局，同时也体现评价内容的综合化，我们将创建寓历史性与趣味性于一体的"科举制成长升级平台"，从历史"小菜鸟""秀才""举人""进士"到"探花""榜眼""状元"……看似形式上的"成长"，饱含着老师对学生由量的积累到质的升华的期盼，给普通学生提供了展示机会，真正促进学生全面而有个性的发展，让师生在合作学习中共同成长。

通过小组合作学习，创设自由民主的体现"圆桌效应"交谈模式，体现了以人为本的现代教育理念，更能够体现课程是教师和学生共同建构的新理念。学生通过小组合作学习，有了一定的自我评价能力和较强的合作意识，将会促进他们综合素养和谐、全面地发展。

（二）尝试多元智能，评价标准分层化

发展性课堂评价倡导评价标准分层化，就是关注被评价者之间的差异性和发展的不同需求，以促进其在原有水平上的提高和发展的独特性。评价标准分层化与"多元智能"这样的现代教育理论不谋而合，以此为依据建立的"学生观""智力观"和"教育观"，也顺应了我们国家从精英化走向大众化的教育形势。

多元智能理论（MI）早在1983年就由美国著名发展心理学家霍华

德·加德纳提出。加德纳认为人类至少具有语言、逻辑数学、视觉空间等八项智能。就历史学科而言，传统的教学和评价都集中在学生的书面表达能力上，而且由于命题技术的落后，历史教学越来越远离学生的生活和兴趣。

在借鉴多元智能理论的基础上，针对学生的客观实际，我们将对教学方式进行大胆创新，用喜闻乐见的方式引导学生学习各科知识，尽量使学习内容富有新颖性，课堂要求带有挑战性，目标完成含有竞争性，给学生好奇、成功、快乐的体验。多元智能理论的引入将让新课程的评价呈现出新的面貌，让每个学生都品尝到成功的快乐，会使学生的创新、审美、信息和生活等素养得到极大的提升。

（三）创设情境教学，评价过程动态化

教育是在各种情境中完成的，情境的好坏决定了教育的成败。教学情境的"境"是教学环境，即教学双方的关系；"情"指洋溢在"境"中的教学双方，即师生之间的情感交流。在课改形势下，创设情境课堂是推动学生主动探究学习的最佳策略，也是提高课堂质量和教学有效性的关键所在。

以历史学科为例，针对学生蕴藏着的学习的主动性这一情况，我们在实践中创设了新颖、生动、开放的历史情境课堂，即生活情境中"找"历史，问题情境中"思"历史，游戏情境中"迷"历史，实践情境中"悟"历史。把学生们带入情境，在探究的乐趣中，激发学习动机，在连续的情境中，不断地强化学习动机。情因境生，境为情设，情与境和谐统一方为"情境"。

（四）创新纸笔测试，评价方式多样化

纸笔测试，长期以来一直被视为"课堂教学的延伸和补充"，追求的是测试终结性的实效。创新纸笔测试侧重的是评价方式的多样化。它不是简单的标新立异，而是按照新课标的要求并根据学生的年龄和心理特点以及认知水平，使之更加灵活多样、更富思考和创造性，也更有现实性和可操作性，并在对形式、内容、完成、评价的处理上都向"立足过程，促进发展"的方向转变。

我们在语文、历史等学科中推广"小组轮流作业"，在物理、地理等学科中尝试体验探究型作业，在美术、体育等学科中开展编排创意作业。这些开放性作业突破了传统的纸笔测试，点燃了学生学习的热情，从"要我做"变为"我要做"，为学生单调的学习生活增添一道亮丽的风景线，让作业真正变成学生成长的生长点。

三、建立学生、教师、课程共同发展的教育评价模式

在历史、物理、地理等学科中进行了教育教学评价模式的新尝试后，如何形成一种对各学科都具备参考意义的教育评价方式，并在新的评价模式中，不仅促进了学生发展，也为教师发展、课程体系提供了新的发展平台，我们考虑了以下方面的问题。

发展性评价如何促进学生综合素养的全面提升？——当前课堂教学评价存在着"重知识轻能力、重结果轻过程、重甄别轻发展"的问题，评价方式单一、评价主体一元化。

发展性评价如何促进教师的专业发展？——在传统课堂教学中，更多强调的是学生主体性发挥、学生个体体验，忽略了教师的"情感体验"；评价重点是鉴定教师课堂教学的结果，诊断教师教学的问题，而非制定教师发展的目标，满足教师个人发展的需要。

如何建立促进学生、教师、课程共同发展的发展性评价新模式？——当前大多数评价研究还局限于教学层面，没有从课程的角度出发来设计和思考评价方案、办法。

在前期实践的经验汇总下，团队从中得到了如下的启示。

（一）立足方便高效，设置评价工具

评价工具是收集评价资料的直接依据和手段，设计评价工具是保证评价工作有效实施的基础和前提。在历史学科发展性评价的实践中，自己动手设计和制作了一系列表格、问卷、成长卡等评价工具，从立足于方便和高效，配合评价内容与性质的需要出发，成为促进学生全面发展性评价的重要载体。

（二）着眼求真务实，选择评价方法

评价的方法是多种多样的，对学生的评价也是从多个方面、多种能力综合进行。在历史学科的发展性评价中，开展合作学习，实现了评价内容综合化；尝试多元智能，实现了评价标准分层化；创设情境教学，实现了评价过程生动化；创新纸笔测试，实现了评价方式多样化。通过综合运用多种方法，以保证评价信息的真实性和有效性，同时注重与学生的沟通、对话，使评价学生的过程成为评价双方彼此思想上、情感上、态度上沟通的过程，有利于教育目标更好地实现与促进学生的全面发展。

（三）把握客观事实，收集分析资料

评价学生的客观事实依据是反映学生学习和发展状况的资料数据，这些资料数据的有效性是保证达成恰当的评价结论的基础。在各学科的发展性评价中，我们都特别注意收集学生的原始资料（如学生平时作业、问卷调查表、实验数据、小采访、小论文、作品集、活动照片等）和生成资料（如教师给出学生的分数、等级、评语、改进意见及学生的自我评价等）。

（四）明确改进要点，拟订改进计划

发展性学生评价的根本目的是要促进改进，促进发展。因此，仅得出一个客观描述学生学习情况的分析报告是不够的，还需要在此基础上，提出改进要点，制订改进计划。例如，语言表述要具有简明性，计划拟订注重关注差异性，反馈整改要具有激励性，等等。

第二节　发展：项目式学习

随着科技的迅猛发展及全球复杂任务的不断涌现，世界对未来人才和教育的需求均在发生深刻变化，教育及学习范式的变革时代已悄然到来。教育是非线性、长延续的，如何培养能够适应未来社会的社会公民成为现代教育工作者重要的研究课题。

今天的社会发展越来越强调个性培养、人的发展，因此，未来的教育一定是基于社会的"人"的教育。基于"人"的教育，为了"人"的教育，以"人"为本的教育，将成为越来越重要的教育主题。

《国务院办公厅关于新时代推进普通高中育人方式改革的指导意见》特别强调，要积极探索基于情境、问题导向的互动式、启发式、探究式、体验式等课堂教学，注重加强课题研究、项目设计、研究性学习等跨学科综合性教学……适当增加探究性、实践性、综合性作业。积极推广、应用优秀教学成果，推进信息技术与教育教学深度融合，加强教学研究和指导。

中国教育科学研究院王素所长预测，未来的学校将调整课程结构，压缩学科类课程教学时间，通过改变现有学科课程的学习方式提高学习效率和实现个性化学习，增加综合类、实践类课程。因此，教育内容和课程要有相应变化，不仅仅要把现代科学技术、现代的发明和发现教给学生，而且要更广泛地把这些课程整合起来。人们观察事物的角度是综合的，新的科学发现和技术发明往往是在交叉学科上发生的。以往课程是分科的，不利于培养学生综合思维能力，因此未来课程将重视学科内容的整合。国外开始流行的名为"STEAM"的课程，就是把科学、技术、工程、美学和数学整合起来，培养学生的综合性创造思维。

一、如何理解项目式学习？

"项目式学习"来源于西方国家的一种大学教学理念和组织形式"problem-based learning"（简称PBL）。北京师范大学钟秉林教授的解读：学习者需要主动发现问题、利用多学科的知识来综合分析问题、体系化地为问题解决提供多种可行途径、科学验证所提解决方案，并反思学习经验作出自我评价，在跨学科和交叉学科的学习过程中，学习者积极参与，从而促进其创新精神的培养和创造力的发展。

目前，许多学者在研究项目式学习过程中有不同的方向，但是这些研究都指向于同一个核心原则——围绕问题来组织学习。学生在自身的学习背景中找到期待解决的问题，教师在课程内容中找到至关重要的学科大概念，并在一个真实的情境中完成学习过程。Savin-Baden提出五种项目式学习的模式，对长期实施项目式学习的教学人员和学生启发甚大："面向认知能力的项目式学习—专业化（学科内）的项目式学习—交叉学科的项目式学习—跨学科的项目式学习—培养批判性思维和竞争力的项目式学习"。

上述五个模式从狭义的学科目标到跨学科的开阔视野，从有限合理的解决方案到开放的非预定的学习目标，反映了项目式学习的图景存在着差异。我们综合理解项目式学习的含义并进行多元化实践，并主动践行着项目式学习的三大原则：一是从认知方面，学生将学习置于真实的情境中围绕问题而展开活动；二是从内容上，打破传统学科界限，尤其关注跨学科学习；三是从社会性上，引导学生采取团队学习模式，师生之间相互学习、分享知识、学会合作。在实施时间上，则根据实际的任务情况，或短或长地进行，评价模式也随之产生变化，发展性评价体系在此起着至关重要的作用。

要使项目式学习的实施能真正落地，则需要对课程进行整合。支持项目式学习和课程整合的理论基础主要有建构主义学习理论、杜威的实用主义教育理论和布鲁纳的发现学习理论等。其具体阐释如下：

一是建构主义认为，知识不是通过教师传授而被习得的，而是学习者在一定的情境即社会文化背景下，借助其他人（包括教师和学习伙伴）的帮助，利用必要的学习资料，通过意义建构的方式而获得，建构主义学习理论认为"情境""协作""会话"和"意义建构"是学习环境中的四大要素。项目式学习，实质上就是一种基于建构主义学习理论的探究性学习模式，"情境"是这种学习模式的四大构成要素之一。这种学习模式强调小组合作学习，学习者在学习过程中需不停地与同伴进行交流。同时，它又是一种立足于现实生活，对现实生活中的问题进行解决的学习模式。

二是杜威的实用主义可称为新的"三中心论"。第一，以经验为中心："知识不是由读书或人解疑而得来的结论""一切知识来自于经验"；第二，以儿童为中心：实用主义反对传统教育忽视儿童的兴趣、忽视儿童的需要的做法，主张教育应以儿童（或者说受教育者）为起点；第三，以活动为中心：他提出"学校主要是一种社会组织。教育既然是一种社会过程，学校便是社会生活的一种形式。"让学生从实践活动中求学问，即"做中学"。

三是美国著名教育家布鲁纳提出了发现学习理论。他认为，学生的认识过程与人类的认识过程有共同之处，教学过程就是教师引导学生发现的过程，学习就是依靠发现。基于项目的学习不是采用接受式的学习，而是采用发现式的学习。在学习的开端，学生就问题解决形成假设，提出解决该问题的方案，然后通过各种探究活动以及所收集来的资料对所提出的假设进行验证，最后形成自己解决问题的结论。

四是美国教育技术CEO论坛的第3年度（2000）报告对信息技术和课程整合的目标、整合的内涵、整合的方法都做出了明确的回答。提出了进行有效整合的步骤如下：第一，确定教育目标，并将数字化内容与该目标联系起来；第二，确定课程整合应当达到的、可以被测量与评价的结果和标准；第三，依据步骤二所确定的标准进行测量与评价，然后按评价结果对整合的方式作出相应的调整，以便更有效地达到目标。

二、课程整合能否让项目式学习真正落地？

一个项目式学习的单元可以包含多种教学策略，可以让不同学习风格的学生都参与进来。这些教学策略包括：由学生、校外专家和社会成员共同深入探究、解决问题；运用技术来支持学习；通过多种类型的评价确保学生完成高质量的学习任务。这些策略中，不乏与国家新课程新教材实施要求相符合的要点。

在实施新课程新教材的当下，我们进行课程整合，把各种技术手段完美地融合到课程中，超越不同知识体系而以关注共同要素的方式来安排学习的课程显得非常重要。课程整合可以减少知识的分割和学科间的隔离，把受教育者所需要的不同知识体系统一联结起来，传授对人类和环境的连贯一致的看法。

同时，日常的课程实施受到了STEM或STEAM教育的启发，理解其主要概念，让课程整合变得更有方向。其中，STEM教育发展过程中逐渐融入了艺术、人文、社会等元素，转向了STEAM教育。研究表明，STEAM教育能够有效培育学生创造和参与的素养，科技与人文的贯通更有力地促进了学生创新能力的提升。

课程整合在面向未来的教育中，对教育工作者而言，这充满了挑战，也极具魅力。课程是贯彻落实党的教育方针和教育思想的载体，是国家意志的体现。作为一所普通高中，学校通过课程深入贯彻国家教育方针，遵循学生的认知规律，融入时代发展主题，系统规划学校课程体系，全面整合、系统建构学校的课程体系，以达到立德树人的教育目的。

我们在原有的国家课程、地方课程和校本课程三级课程基础上，借鉴国内外各种课程的优秀做法，基于自身的实际，经统筹、整合、拓展和创新，建设了本土特色的理想课程体系，实现课程教学与学生生活实践的有机融合、国内外先进教育教学理论的有机融合、学科与学科之间的有机融合、校内学习与校外学习的有机融合、线上学习与线下混合式学习的有机融合、人与课程的有机融合。

项目式学习在实施的过程中，在研究性学习、综合实践活动等课程中，都显示出了其独特的优势。多样主题的项目式学习在各个学科的教学中，满足不同层次、不同发展倾向的学生需求。教师则在其中可以感受到将国家课程进行创造性实施，加强实践、体验性课程建设后形成的"立足特区地位、体现学校特色、提升学生能力"的现代课程体系。

三、基于项目式学习的课程整合有何优势？

从培养学生的人文素养、学科素养的角度，基于项目的学习模式在实际操作过程中更加接近实际社会中可能出现的问题。素养能力都必须经过问题解决困境的考验，问题是否被充分分析、是否被真实解决则成为研究目标是否达成的重要标准，尝试把目光放在更多可被感受到成功感的事情上，利用具有正强化作用的事件来激励学生进行更加广泛和具有深度的学习。这样的教学方式有以下优势和特点。

一是项目式学习的过程中，学生对项目内容本身需要有一定的背景知识了解，在了解的过程中发现疑惑的问题，这需要学生带着好奇心进行学习，教师在课程整合或融合问题的设置上成为至关重要的方面。

二是在项目式学习的教学模式研究过程中，课程整合或融合需要秉承"按需融合"的基本态度，我们要研究同一学科内的不同课程模式之间的相互融合，以及在学科之间找出相似的课程实施模式，从而进行深度融合。

三是项目式学习一般为非常具体的一个案件，教师如何进行对研究问题的选择，需要注意选择什么样的内容，在教学实施过程中能重点思考如何让学生举一反三地提出与生活息息相关的问题，从而进一步促进学生的思考。

四是在大数据的支撑下，项目式学习应该更多地关注学生的学习过程，教师需要学习如何对学生的学习过程进行数据化处理，通过对相关数据的处理和分析，从而利用可视化的学习成果来吸引更多学生在非正式学习时间上的"投资"。

五是项目式学习模式在实际的操作过程中更加接近实际社会中可能出现的问题。新高考背景下的生涯规划教育课程整合，需要分析职业特质与所需能力，与现有学科素养能力进行匹配，并对其进行相关性分析，从而不断地提升教师引导学生作出适合自己的职业规划的能力，从而激励学生进行更加广泛和具有深度的学习。

不同学科的教师都为项目式学习进行了尝试，教师们似乎找到了能让发展性评价更加有效的教学方式。长期的实践中，我们也逐渐收获了新的体验。

一是项目式学习的教学实施过程，能够允许教师在每一次的"教—学—做—评"循环中，发挥"教"学生这一长项的同时，通过和其他教师合作、观察并协助其他教师指导学生等途径，从其他老师那里"学"到自己不擅长的领域的知识，从而将教和学融合，实现教中学与学中教，最终达到教学相长的目的，在促进学生进步的同时，促进老师自身的发展。在此课程整合与实施过程中，促进更多师生成长共同体的形成。

二是项目式学习的多课程融合，不仅对所涉课程内容进行融合，同时也对所涉课程的授课老师进行融合，该方法通过组建教学团队，进而确定团队中教师的角色和职责、教师之间工作任务的分配以及教师之间的合作方式，从而实现将不同经历、不同背景的老师构成一个比较合理的，能够满足多学科教学要求的教学团队。

三是多课程融合的研究性教学过程中，兼顾了不同学生的需求，改变了以往过于单一的课程教学模式，将关联性较强的多门课程进行了有机地融合，使得学生在学习上更能明确目标，明白所学知识点的真正应用方式及领域。多课程融合的研究性教学模式激发了学生的学习兴趣，增强了学生的团队合作理念，提高了学生的创造能力。

自此，跨学科课程成为我们团队探索的重要主题，如何进行跨学科课程的设计与实施，也成为项目式学习能否实现更广泛应用的一个关键点。

第三节 突破：跨学科统整与融合

学校课程内容分为学科课程与跨学科课程，两者相互交织，构成一个整体。共同点是理解本位、问题导向、真实表现、深度探究，即学生的学习过程是在真实的表现性任务中遇到问题，展开深度探究，并获得学科理解或跨学科理解，进而发展学科素养或跨学科素养的过程。不同点是，跨学科课程要求学生综合运用多种学科观念或学科方法（两种或以上），在多种情境下来解释现象、解决问题、创造作品等。

我们的团队融合国家、地方和校本课程，贴近所在学校实际与发展需要，在大概念统领下进行设计实施，在真实情境下进行深度探究，创新教学组织，将探究与真实情境和目的联系起来，围绕开放式问题来组织教学，激发、鼓励学生的好奇心，使"建构理解"的过程尽可能清晰，鼓励学生多说多想，把自己视为学习过程的主动参与者。通过这些年的全面实施，教学课程充分发挥了教师的创造性，更好地满足学生素养发展的个性化需求。

自红岭中学高中部实施跨学科项目式学习以来，我们围绕学科、活动、探究和职业四大课程形态，基于项目对课程进行整合，形成了更加完整的课程形态。特别是建构"学科课程+跨学科课程"的新模式，满足学生个性发展的需求，构建起以学生综合素养培养为核心、充分发挥整体育人功能的学校课程体系。

在"学科课程+跨学科课程"理念的引导下，形成了以下的实施经验。

一、学科形态课程

学科形态课程主要是对国家课程进行创造性校本化实施，探索建设跨学科融合、信息技术与学科融合的统整项目课程，重视深化知识学习、改进教学方式，体现学科特点，切实提高学生认知水平。学科课程培养了学生可持续发展所需的必备品格和关键能力。基础课程为后续的拓展课程、特色课程服务，旨在激励、引导学生夯实基础，养成良好的习惯，形成正确的价值观、人生观、世界观。

学生核心素养之首就是人文底蕴，而提高学生人文素养和审美情趣的关键在于阅读。语文科组的教师们率先做出了尝试。学校鹏翎少年文学院率先提出生态阅读、创意阅读的理念，一校四部的语文教学也在全面推进阅读课程，并且让图书在校园的每个角落"漂流着"，真正实现班班有书香，人人都阅读。

自2011年开始，红岭中学先在一个校部进行语文单元主题阅读教改实验，形成一定模式后在其他校部推广。几个初中部轮流主持，定期开展主题阅读教研活动。长期坚持单元主题阅读教改实验，让更多具有自主创造价值的课程资源在互动中实现动态生成，初中四册语文主题学习读本就汇聚了师生的集体智慧，在国家课程创造性实施中发挥了引领的作用。

二、活动形态课程

活动形态课程主要指向培养学生价值情感和实践精神，并以活动为主要形式的课程，当前重点是要深化学生社团等不同活动类别课程的教与学方式，探索更好的活动课程教学载体、平台和机制。

近年来学校开发了软陶、纸雕、版画、书法、篆刻、合唱、舞蹈、器乐、戏剧、健美操等上百个艺术、体育、科创、手工实践类特色课程，小读者服务队一如既往地，在少儿图书馆为读者服务，学通社的"记者""编辑"们活跃在校园的各个角落，"摇滚社"的"乐手"们在校园以及社会公益舞台上展现风采。每年5月的校园大型社团展示会已成为数千红岭学子"我型我秀"的舞台。

陶艺是中华民族的文化瑰宝，和传统橡皮泥、陶泥相比，软陶色彩更丰富、可塑性强，可以在空气中长久保存。红岭的软陶课程通过这种新型的艺术媒介，跨学科融合了语文、历史、生物等学科，深入挖掘和传承传统文化的精髓，有效拓展和延伸了国家课程，深受学生喜爱。

软陶课程开发"点""面"兼顾，由社团课逐步发展到全员参与的校本常规课，既重视特长学生的专业提升，又注重学生实操和审美的普及体验，现已在高中部和三个初中部分别开发了各具特色的软陶课程，红岭中学也成为广东省软陶教学与创作实验基地。

通过扎实的课程活动，学生作品精彩纷呈。几百件软陶作品被教育部国际司礼宾处、深圳世界大学生运动会组委会等征集，作为礼物赠送外宾，在各级比赛中多次获得大奖，引起了不小的社会反响。全国各地40多所学校慕名来红岭中学学习软陶特色教学经验，起到了较大的辐射引领作用。

在高考为重的今天，高中音乐组的江楠老师开发合唱课程，把关注点放在学生艺术修养的培养上，让红岭学子在未来进入社会后，成为既有文化又有审美品位的人。同时，金声合唱在训练团队的过程中还培养了学生极强的合作意识、超强的凝聚力，并给学生提供展示的舞台，拓宽艺术视野和增强舞台表现力。

红岭中学的游泳课在开设过程中始终践行"让每一个学生学会游泳"的理念，面向全校每一名学生，通过游泳系列讲座、游泳必修课、校本选修、高水平运动队四个方面开展实施，注重激发学生兴趣。自开设以来使学校近7000多名学生掌握了蛙泳技术，让学生在学中玩，在玩中学，提高学生的游泳运动能力，形成终身体育习惯，游泳课也成为红岭中学的特色品牌课程。体育组的魏晓晓老师，经过几年的实践，于2018年6月正式出版了校本课程《让每一个学生学会游泳》（东北师范大学出版社），形成了符合学生需求的，集理论知识、技能学习、竞赛裁判、实用游泳为一体的活动课程体系。

学校还成立了国际课程研究小组，致力于国际理解和国际情怀教育。充分研究国际课程的发展趋势，开设由外籍教师执教的校本课程。在初中、高中均开设美国文化、美国社会活动、美国的经济制度等国际理解课程，以课程的多元化、特色化和国际化为所有学生提供更多的选修课，培养具有中国情怀、国际视野的高素质红岭人。

三、探究形态课程

探究形态课程主要是培养学生运用所学知识和工具发现问题、解决问题的能力，当前重点是要深化以问题为导向的跨学科研究性学习课程、以创新精神培养为主题的创客教育课程等。

红岭中学生物组老师对国家课程进行校本化重构，与学生共同开发了"守望我们的家园"探究性课程。这是一门集生态学习、认识环境、体验自然、传播生态文明、探究未知世界于一体的综合性校本课程。课程开发的历史可以追溯到1998年，经过几代红岭人的拓展完善，在初高中实施了20多年，累计受众学生6000余名，在师生中得到了广泛好评。

本课程的核心价值是摒弃高考的功利性，培养中学生亲近自然、爱护自然、与环境协调发展的自然观。以提高学生的环境保护意识为目标，以实践活动、体验自然为主线，"去学习、去认识、去行动、去传播、去探究"是本课程五个关键环节。"去学习"，就是每一届学生选课之后，先进行生物基础知识的学习；"去认识"，就是带上必要的设备、带上发现美的眼睛去认识自然；"去行动"，就是用实际行动去护卫大自然、植物、动物和人类；"去传播"，就是把我们听到的、看到的传达给更多的人，唤起人们对自然的热爱；"去探究"，就是引导学生以探究性学习的方式研究未知世界。

课程实施的教师团队还利用学校理科活动周，开展了"安托山生物多样性"的探究活动。学生从认识红岭校园常见的植物开始，鉴赏、介绍并探究它们的形态特征、生活习性及其价值（食用、药用或文学艺术价值等），要求具有科学性和准确性。还要了解该植物相关的校园文化背景、古典诗词以及植物与人的关系等。活动中师生使用了如"形色"识花的APP，培养学生的兴趣爱好、观察辨识、信息检索的能力。

教学相长，教师在与学生一起探究的过程中也提升了自己，并将活动的调查范围从红岭扩大至深圳各区，内容由植物拓展到了动植物的辨别，极大地丰富和完善了课程内容。

学校还开展了研究性学习、社区服务和社会实践活动。这些探究课程的目的都是让学生联系自然和社会实际，通过深度探究、亲身体验，积累和丰富自己的经验，促进学生综合素质的发展和提高，培养创新精神、实践能力和终身学习的能力。

四、职业形态课程

职业形态课程主要是着眼于学生的未来生存需要（个性化），通过职业体验等方式培养学生的生涯规划能力、职业精神与能力，当前重点是要进一步强化以职业体验、生涯规划为主要内容的课程。

新高考把更多的选择权留给学生，促使学生全面而有个性地发展。针对高中生普遍缺乏自我规划的能力，对职业指向模糊不清的现状，学校开设生涯系列课程，提供了包括自我探索、学业指导、职业指导、社会适应和理想教育等多方面课程资源，让学生在规划中不断调整和明晰方向。

学校在开展生涯教育时着重探究了如何合理发掘、配置学校、家庭、社会能够提供的教育资源，打通认知、体验、咨询并进的生涯指导途径，发挥学科教师和生涯导师组成的生涯指导合力，并在此基础上探索具体可行的实践策略。

第四节 本真：超学科思维与品质

面对不一样的学生，应对不一样的环境，探索的步伐总是停不下来，也许教育的乐趣就是这样一点点地滋生在教育工作者的心里。

丰富的课程让校园生机勃勃，但是深层的问题也逐渐显现。渗透在校园里的课程内容，是否存在着更深层次的逻辑关系呢？"学科课程+跨学科课程"是否能包含立德树人的整体目标呢？以课程内容划分的"学科课程""活动课程""探究课程""职业形态课程"是否就能够把学校里所有的显性课程和隐形课程都涵盖起来呢？

在此基础上进行的探索，我们将课程目标与课程取向重新进行了审视。发现学科课程的目标在学科知识上，它的课程取向是为了让优秀的人类文化得以传递，跨学科课程的目标更多的是存在于真实的生活中，它的课程取向是为了让社会价值得以体现。这样的分析，使得我们在对课程形态的纵深思考上，有了核心目标——学生。

因此，我们团队在近年又开启了"超学科课程"的探索之旅。最先提出"超学科"一词的埃里克·詹奇在1972年提出这个术语的时候，他设想的是以一种知识整合为导向的、面向生活中问题的复杂性的系统理论与方法。

一、"超学科课程"需要超越什么?

在"跨学科课程"到"超学科课程"的深化中,基于"超学科课程"的理论背景尝试进行超学科课程设计,在课程结构上有多维度、多形态、多主体的特征。因此,"超学科课程"包含以下含义:一是从课程目标上,"超学科课程"设计中,将尤其关注学生的关键能力提升,利用思辨、论证、实践等过程,让学生不断提高解决问题的能力;二是从课程结构上,"超学科课程"包括了参与课程的教师和学生、课程实施过程的环境、课程实施使用的资源及工具,这些均属于"超学科课程"实施过程中能够产生新知识的要素,它们将根据真实情境的需求进行不同的组合;三是从课程内容上,"超学科"不仅是学科与学科之间的交叉融合,以及学科与"非学科"之间的交叉、跨越和融合,以及专业内学者与"专业外"的各行各业人士的跨界合作,课程实施过程将会让学生走出学校,走进社会,感受知识技能使用的真实情境。

"超学科课程"虽然更加关注学习者本人,但仅以这种课程形态为学生呈现学习的路径还是不够的。因此,"超学科课程"的课程形态,作为"学科课程+跨学科课程"课程形态的补充内容,使学校的课程形态变得更加完整,以更好地达到立德树人的教育根本目标。

然而,课程理念的更新并不能直接为课程形态带来实质性的改变,只有从日常教学过程找准切入口,"超学科课程"等课程形态才能真正产生。团队主持人吴磊老师从历史学科出发,经历了完整的课程形态演变过程,而直至现在,其案例教学、学科主题教学、"跨学科课程"和"超学科课程"也都综合呈现在同一时期的教学过程中,让学生能从点、线、面、体等不同维度感到历史的魅力,以及历史学为社会带来的强大影响力。

从2003年课程改革开始,研究团队一直在探索学科课程、"跨学科课程""超学科课程"该如何设计和实施,多年的实践让我们逐渐认识到,不同的课程形态不是简单的叠加，而是以一种不断循环的方式呈现（如图1-4-1所示），并由不同主体进行创造、不同内容进行表达、不同环境进行实施。

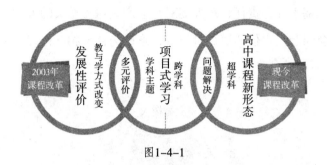

图1-4-1

二、项目式学习能否实现"超学科课程"落地与实施呢？

基于问题解决的核心要点，项目式学习能够为"超学科课程"带来科学的实施途径。主要有以下原因：一是学生未来所从事的职业有许多都是"新的"，科学知识变更速度加快，狭隘的专业化应对的是静态的社会，面对动态的社会学生需要的则是终身学习必需的技能；二是将课程重点从学习内容转移至思维发展，在新知识爆炸式增长的时代，需要非常谨慎地选择课程的内容，并将落脚点放在思维形成的关键点上；三是明确课程的核心原则为"在情境中解决真实问题"，学生能够在掌握基础知识的基础上，学会把握形势、个人分析、正确决策、提出方案、选择最优等多方面内容，从而最大可能地发展人的创造力。

由此，"学科课程+跨学科课程+超学科课程"的高中课程新形态成为团队的共识，并在校内外广泛实施与推广（如图1-4-2所示）。

"学科课程+跨学科课程+超学科课程"的高中课程新形态着眼于未来，在实施和构建课程形态时，我们达成了三点共识：

首先，基于必备知识和关键能力，不断提升学生解决问题的能力，学会明智地考虑社会日常生活中的复杂问题，学会明智地组织和利用信息，并适度有效地应用科学技术，以完成问题的解决。

其次，基于个人价值观，不断增强学生自我价值感，促使学生保持对生活和学习持乐观的、创造性的态度。

最后，基于社会责任，培养能对社会产生积极意义的人才，促进学生形成对社会问题负责任的道德价值观，形成与社会相互依存、荣辱与共的意识。

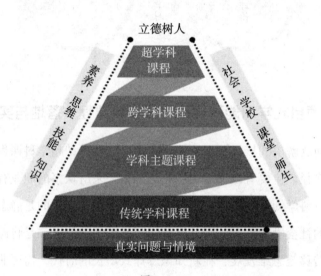

图1-4-2

三、如何"把核心素养落到实处，让学习真实发生"？

得益于课改的引领和项目式学习等新学习形态的出现，团队的整体思路也从教师教什么、怎么教，转变为培养学生怎么学。

我们将发展性评价作为起点，项目式学习作为路径，真实情境与问题作为落脚点，完整呈现出"学科+跨学科+超学科"三位一体的高中课程新形态。那么，基于这样的目标，我们是如何落实"真实"二字的呢？

一是针对学习内容和问题，我们坚持做到"真实情境"。

二是针对学习过程和教学实施，我们坚持做到"真实体验"。

三是针对学习成果与评价，我们坚持做到"真实可见"。

对于"学科课程+跨学科课程+超学科课程"高中课程新形态的结构与逻辑，我们认为，基于学校课程体系或是单一课程，"学科课程+跨学科课程+超学科课程"的内容都应是完整且不可分割的整体，其中"项目式学习"是完成这一整体内容而选择的路径。因此，从微观上，形成针对学生发展的特色课程；从宏观上，针对学校发展的课程体系。

四、微观层面："学科课程+跨学科课程+超学科课程"

在具体课程中，"学科+跨学科+超学科"的内容如何整合？我们强调在课程设计中，需要从真实的情境和问题出发，引导学生充分调用学科知识，跨学科地融合人文情怀和科学探究精神，从而获取真实的、超学科的学习体验。

以冯嘉琪老师开设的校本课程"行走学习"作为案例。

每年6月，学校都会组织高一学生前往井冈山进行社会实践活动，在实践活动中，学生需要完成一份调查报告。以往这份报告的内容都是教师设计好的，学生选择其中之一进行小组学习。

"行走学习"的校本课程则带着学生从"0"到"1"自主设计调研手册，以此作为项目式学习当中的大任务。课程按照方法指导—自主设计—交流、修正—实施、验证—再修正—再实施—成果分享与物化—多元评价的思路进行总体设计，从而保证这本《井冈山社会实践手册》的内容具有完整性、科学性和趣味性。课程接近尾声时，冯嘉琪老师向田玥同学进行了一次访谈，了解了学生真实的感受，田玥如此说道：

"因为对井冈山活动充满期待所以就报了这门课，没想到制作一本手册原来是困难重重！""起初选题这件事让整个组的同学无从下手，没想到地理必修一的书上就有很多活动可以参考。""本来以为自己并没有必要这么认真地对待校本课，没想到一次又一次的分享、同学之间的相互点评，让我们全组同学慢慢认真起来。"

最后，学生不仅完成了《井冈山社会实践手册》的活动内容设计、文字校对、封面设计和整体排版，还撰写了与这本手册配套的"说明书"，帮助其他同学正确、科学地进行社会实践活动，提醒同学们活动过程中的注意事项。

总的来说，"行走学习"这门课程从地理实践力培养出发，引导学生融合多门学科内容进行了真实问题探索，学会了辩证思考问题和科学探讨问题的方法。

五、宏观层面：高中课程新形态"新"在何处？

（一）学科课程——多元化实施

在新课程新教材开始实施的背景下，很多老师都是第一次接触国家课程统编教材的内容，红岭中学也不例外。

高中历史《中外历史纲要（上）》第一课《中华文明的起源与早期国家》，内容涵盖了初中历史5课的内容，课程标准要求学生通过了解石器时代中国境内有代表性的文化遗存，深化对中华民族多元一体发展趋势的认识。

针对新教材内容偏繁偏难的现状，为了更好地落实新课程新教材的理念，历史组在王微老师的策划和组织下，要求学生选择中国境内有代表性的文化遗存，如仰韶文化、大汶口文化、河姆渡文化、龙山文化、红山文化、良渚文化等，致敬中华文明最初的光芒，以"华夏之初"为主题举行历史文创丝巾设计比赛。学生从中华传统文化中汲取营养，并利用丝巾设计的艺术形式重新进行展现，丰富的设计成果被推到红岭中学的公众号上，并进行公众投票。票数最高的设计还被做成红岭中学40周年校庆的纪念品（如图1-4-3所示）。

○ **05** ○

○作品名称：华夏之初 ○

○作品名称："鱼"见仰韶 ○

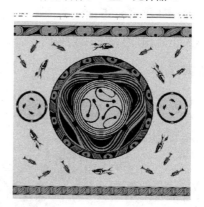

图1-4-3

上图作品就是本次活动的优胜设计代表。这样的活动，可以让学生们真正从课本中走出来，带着自己的想法和创意去动手完成作品，并向大家展示出来。

在高一历史讲到孝文帝改革一课时，新教材要求了解当代汉族姓氏与少数民族之间的关系，吴磊老师借用红岭中学特色校本课程"历史软陶"，与美术老师于晓慧一起设计了百家姓溯源的创新作业，将看似遥远的历史知识引入学生制作软陶的指尖，学生乐此不疲，创意无限，制作出一批有内涵、有意义、可视化程度高的软陶作品（如图1-4-4所示）。这样的历史作业，不仅符合新课程新教材的要求，也充分响应了国家"双减"的号召。

强调时空观念的历史学科不仅研究过去，更着眼现在，将历史学习所得与家乡、民族和国家的发展繁荣结合起来。校外的社会资源也是校内课程资源的必要补充，包括物质资源，如历史遗迹、遗址、博物馆、纪念馆、展览馆、档案馆、爱国主义教育基地等。吴磊老师与团队成员引领"生于斯、长于斯"的红岭学子，开展特区亲情寻根文化。利用周末假期，开展深圳祠堂调研的项目式学习。学生们走出课堂，走向社区，在深圳10个区开展调查研究，寻找身边的祠堂历史和家族故事，形成了10余万字的调研报告。近期这些成果已经汇编成书，《寻根问祖——深圳祠堂掠影》正式出版。作为政协委员，吴磊老师还将继续保护祠堂文化，讲好"深圳故事"并写成提案，引起了相关部门和多家媒体的广泛关注。

图1-4-4

（二）跨学科课程——体验性实施

似乎从高一一入学，学生们就面临着选物理还是选历史的困惑。团队李春来老师提出一个跨物理和历史学科的项目式学习——"重走伽利略探究自由落体之路"。结合人教版高一物理必修一"匀速直线运动"的相关内容，李春来老师带领着学生先后五次进行了具有挑战性的活动，一同感受伽利略时代科学实验面临的重重困难。

从历史学科的角度上，他带领学生了解伽利略的生平史，感受文艺复兴绝不限于文学艺术的复兴，也是一次前所未有的科学振兴。人们受文艺复兴的精神影响，打破束缚已久的思想桎梏，伽利略便是在这种时代背景下成为了伟大的物理学家和天文学家。

从物理学科的基本原理出发，在学生进行的实验中，多次出现了误差。在此过程中，他们感受到了伽利略在科学实验活动中遇到的计时方式粗陋、实验工具欠缺等困难。后来，急中生智的学生们利用墙砖数量来确定物体下落的高度，采用了伽利略斜面实验的方法，以冲淡重力。经过五次实验，不断改良计时方式和实验轨道材质，重走了伽利略探究自由落体科学实验的过程。

这样的项目式学习，强调学生应该具备的科学态度和责任素养，让学生切身体验到历史上的科学家不是超人，他们每取得的一点点成就，都需要付出艰辛的努力，没有一蹴而就的成功。

（三）超学科课程——活动化实施

适逢中国共产党建党100周年，把握重要历史时间节点，学校决定开展一次以"赓续百年辉煌"为主题的创意运动会，这也是超学科课程的尝试与实践。团队成员双学锋老师作为历史教研组组长，带领多名历史、政治、语文老师制定了总方案，并围绕中共中央宣传部发布的第一批纳入中国共产党人精神谱系的伟大精神，进行了细致的学习和整理，将谱系内容分为八个阶段。每个年级、每个班级从不同角度、以不同形式鲜活地演绎了对不同时间段红色精神的理解和感情。

在筹备创意运动会入场式期间，历史、政治学科的老师深入每一个班级，引导学生针对展演的精神谱系进行了解、挖掘和明确，学生参与了解说词撰写，服装、道具的设计，以及后期的排练和预演的全过程。

这样超学科的活动课程，让学生了解、学习中国共产党党史，继承和发扬党的伟大的系列精神，从而发挥了学生的创新思维，充分彰显了班级特色，树立了文化自信，真正践行了习近平总书记提出的"把立德树人作为教育的根本任务"。

第五节　统整：让课程新形态落地

课程体系的构建既是一次归纳总结，也是一次探索。未来教育有着明确方向，但也存在许多未知。不断审视自身的实践行动是获得新进展的重要环节。

实践的过程有三点需要我们注意：一是让教师、学生更多地参与课程决议与审议。课程的实施终究无法离开施教、受教的主体，教师与学生将更多地参与到课程实施的各个环节；二是要加强学科融合的课程发展态势。课程设计将超越单一学科造成的各种不便，突出学科中的大概念，灵活组织课程内容。在处理跨学科课程与学科课程、社团等个性化课程与学校主体课程之间的关系，保障学科课程与跨学科课程的无缝衔接和有效落地方面，还要进行更多的探索；三是进一步拓宽、丰富课程资源的来源。重视学校教育、社区、企业等多方面的教育资源，建立专家指导团队，为课程实施配备相应的师资、学术、组织、后勤等方面的支持，确保课程实施的专业化。

一、建立目标多元、评价方法多样的发展性评价体系

围绕提升中学生的综合素养，探究教师的课堂评价如何做到有针对性，努力提高课堂评价的有效性，更新教师的教育观念，以研究科学有效的课堂评价为核心，扎扎实实地开展课例研究，建构有效教学策略，形成

教学建议和常规，建立课堂评价标准，引导和促进课堂教学改革，促进师生和谐健康发展。

立足方便高效，团队构建了"四位一体"的发展性评价新体系（如图1-5-1所示），即合作学习中的综合性评价、多元智能中的分层化评价、情境教学中的动态化评价、创新测试中的多样化评价，成为促进学生进行全面发展性评价的有益载体。

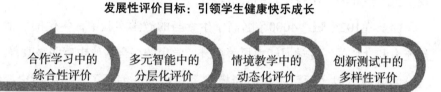

发展性评价目标：引领学生健康快乐成长

| 合作学习中的综合性评价 | 多元智能中的分层化评价 | 情境教学中的动态化评价 | 创新测试中的多样性评价 |

图1-5-1

二、构建"四个结合"为特征的项目式课程实施新模式

从课程角度设计和开展项目式学习的实践研究，采用教与学、动脑与动手、课上课下、校内校外"四个结合"项目式学习新模式，把教学情境化、活动化、课程化，形成了"创设真实情境—设置探究问题—亲历学科实践—物化探究成果"的项目式学习的实施路径（如图1-5-2所示）：

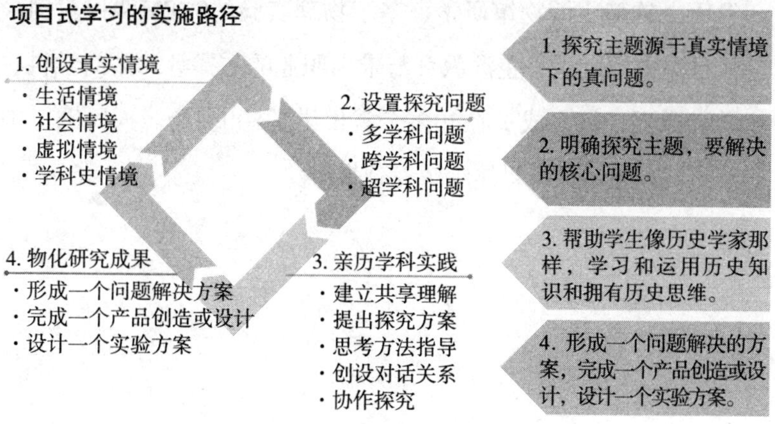

项目式学习的实施路径

1. 创设真实情境
· 生活情境
· 社会情境
· 虚拟情境
· 学科史情境

2. 设置探究问题
· 多学科问题
· 跨学科问题
· 超学科问题

4. 物化研究成果
· 形成一个问题解决方案
· 完成一个产品创造或设计
· 设计一个实验方案

3. 亲历学科实践
· 建立共享理解
· 提出探究方案
· 思考方法指导
· 创设对话关系
· 协作探究

1. 探究主题源于真实情境下的真问题。

2. 明确探究主题，要解决的核心问题。

3. 帮助学生像历史学家那样，学习和运用历史知识和拥有历史思维。

4. 形成一个问题解决的方案，完成一个产品创造或设计，设计一个实验方案。

图1-5-2

三、以"项目式学习新模式"为基础研制优质教学资源

近年团队凝聚历史、物理、地理、美术等多学科老师的教学智慧，以"项目式学习新模式"为基础，构建全新的服务于学生学习的多样化课程群，提炼各学科大概念，在研究课程整合的过程中，课程方向变学科分割为整体关照，创设真实任务情境，以协作式问题解决为主要教学模式，实现学生生活经验与学科逻辑的有机整合。

团队在102个班、4000余名高中生参与的教学实验中，学生的生活理解能力和学科的深度学习能力显著提升，学生的综合素质也有明显改善。

团队成员以"项目式学习新模式"为依据，编写了《高中历史统编教材（人教版）配套教学设计》（含案例光盘）、《高中生涯指导手册》《中学生涯教育和未来职业的选择》《国际理解》《高中物理实验操作虚拟仿真实验》（配套人教版新教材共6本）等跨学科教材，发行10多万册。该成果推广至陕西、江苏等省20多所学校，10余万学子受益。

"项目式学习新模式"不仅契合了学生的内在需要，激发了学生强烈的求知欲，也推动了教师的专业发展。近年团队成员在核心期刊发表项目式学习主题论文87篇，人大复印资料全文转载10篇。承担12项省市级课题，开发历史软陶、博物馆研学、基于物理实验的STEM课程案例、思维导图在复习课中的运用、生涯教育与未来职业的选择等30多门学科、跨学科和超学科课程。核心成员在20多个省份讲学500多场。人民网、中国教育报、人民教育等60余家媒体给予专题报道。

第 二 章

国家课程多元化实施

第一节 基于大观念的英语单元整体教学设计

大观念，英文为Big Ideas或Big Concepts，多被译为大观念、大概念、核心观念或核心概念。它在教育领域的提出最早可追溯到1902年，杜威谈到，教师应把学科知识"心理学化"，从而形成大观念，摆脱传统教学中的事实和观点，因为它们往往限制学生思考自身学习的方式。从学科本质的角度来看，大观念是深层次的、有意义的、可迁移的核心观念，指向学科具体知识背后更为本质的内容，体现学科的思维方式和核心观点。从课程内容的角度来看，大观念是处于课程体系中心地位的学科概念架构。从构成与方法的角度来谈，大观念是统摄教与学过程的原则与方法。

《普通高中英语课程标准》（2017年版2020年修订）首次使用了"大概念"一词，明确了高中课程要"重视以学科大概念为核心，使课程内容结构化，以主题为引领，使课程内容情景化，促进学科核心素养的落实"。而大观念是学科核心素养落实的重要抓手，是引领课程与教学改革的核心观念。

当前，由于缺乏学科大观念的统领，教师的教学设计普遍存在以下几个方面的问题：

一是指导思想流于形式，未能将课标要求转化为支撑个人教学设计的大观念；

二是教学内容碎片化，教师过度关注教授生词，分析句内和句间的衔接手段，或聚焦技巧训练，忽视单元、语篇主题内容的全貌；

三是教学过程不连贯，教师缺乏以意义探究统领活动设计的意识，导致活动之间无逻辑。

在新课程改革背景下，教师需要转变脱离语境教授零散知识点的教学方式，转而以学科大观念为核心，采用以主题为引领、以语篇为依托、以活动为途径的整合性教学模式。

新教材的大单元教学提供平台让我们有空间去打造属于自己独立风格的课堂；有机会重新开始一段新奇旅程；有机会重新认识学生。

单元主题：人与自然——旅行的意义

本单元主题语境是"人与自然"，涉及的主题语境内容是通过旅游来了解世界，欣赏和尊重文化的多样性。本单元从旅游调查问卷开始，引出单元的旅行话题，并进一步介绍了不同国家和地区的地理文化知识，从不同的角度引发学生对旅行意义的深入思考。

一、教材分析

教材分析如表2-1-1所示。

表2-1-1

页码	板块	内容
Page49, Page87	Starting out	引出话题，激活学生关于travel的背景知识
Page50-52	Understanding ideas	题材博主博客，主题旅游&环保
Page56-58	Developing ideas	题材E-mail，主题一家人的加拿大旅游
Page53	Using language	2篇旅游小文章，语法v-ing做定语
Page54	Planning a trip	词汇（旅游前准备）
Page55	Visiting a new place	听力（旅游地方的表达）
Page59	Writing postcard	写旅游明信片

页码	板块	内容
Page60	Presenting ideas	旅游地的Logo，介绍一个旅游地
Page77	Project	制作一个小册子，介绍一个旅游地
Page83	Visiting a place	口语，如何询问一个地方的知识
Page 106–108	Learning aid	词组和背景知识
Page 117–118	Word lists	本单元单词

二、教学安排

教学安排如表2-1-2所示。

表2-1-2

课时	课型	内容
第一课时	词汇课	课本Page117–118 Word lists，"五三·疑难破"
第二课时	阅读课	课本Page50–51 Developing ideas
第三课时	听说课	课本Page 52 Developing ideas，Page 49&Page78 Starting out
第四课时	写作课	课本Page 60 Presenting ideas，Page 53 Using language，人教版
第五课时	综合课	作文赏析，作业答疑

三、教学思考

单元教学被关注的原因是"以课时为单位的教学导致知识碎片化"。然而我们必须客观地看到，无论以何种理念、何种目标为取向开展单元教学设计，在对知识进行重组与整合后，常规学科教学都要尊重当前和以后相当长一段时间内学校教学以"课"为时间单位进行组织的现实，最终必须将重组的内容按照课时进行安排，也就是转化为课时设计。因此，解决知识碎片化问题的出路并非增加教学设计所需要的时长，而是揭示教学内容之间的关系，这就要求教师必须能够看到具体知识背后的大概念，进而围绕大概念组织教学。

当明白这个原则后，在备课过程中，教师就会主动围绕话题进行教学，而不是为了单一的篇章或者词汇语法知识进行教学，就会去分析单元各个部分之间的内在关联，这样就能有效地将一个单元的知识进行合理整合，并且会让教师解放思想，会主动去寻求其他的教材或资源，找相关话题进行知识拓展，这才是教师进行大观念单元教学备课的最大收获。这一单元的第二课时引入了更多的网络平台资源，以及读后活动中增加人教版教材同一话题里名人名言的理解；第二课时Understanding Ideas到Developing Ideas选材的步步深入；第四课时写作课整合了新外研版教材的阅读材料和写作话题，让学生感受到了英文语言的美和各大旅游城市对自己城市特色的高度概括；这些都能激发学生主动去留意身边的美。

对于学生而言，当老师能够解放思想，从主题出发整合资源进行教学，并且对教学资源进行深入讲解的时候，学生们也就能在潜移默化中打开思路，愿意进行更多的自主探究。围绕这个话题，学生做了一些视频制作，能感受到他们对于这个城市的热爱。

新教材的实施，要求我们不能只满足做一名教书匠，不只是做知识技能的操练者，它成全我们做文化的推广者、传播者、桥梁（跨文化跨学科），它带领我们品味语言、品味生活、体会人生。

新教材让我们多维度地去看世界，多角度地去思考问题，丰富完善自我的价值观、世界观，更从容平和地看待学生，帮助我们养成多维度了解学生的习惯，还让学生们能有更多舞台去展示自己。

其实在与学生一起对整个单元进行构建时，也是对课本单元各个部分知识结构化的过程，他们能更清楚地知道每个部分要学什么，自己对哪个部分最感兴趣，也能知道对于一个话题的思考可以有那么多的角度和维度，也能估计出每个部分大概需要处理多长时间，也会思考针对不同的部分老师会怎么去处理，他会怎么处理。当然有时候，他们会觉得老师的处理非常规，他们会在课间跑来跟笔者交流想法。这样，慢慢地，学生们开始学会欣赏文章，学会理性分析，英语对于他们来讲，就不只有枯燥的语法，而是更丰富的存在。

笔者的每个单元的第一课时都在做这个思维的激活工作。我希望有一天学生会跑来告诉我说："老师，我觉得这个部分可以用我的办法来处理，我的办法更有效！"真心希望这一天赶快到来！

（本案例由红岭中学英语组张莹莹老师提供）

第二节　音的享受与声的机理

——物理与音乐学科融合的教学案例研究

新课程理念导向下，各学科面临着有效落实立德树人，创新实施新课程新教材，推进育人方式改革的任务。在高中阶段开展综合育人、实践育人教学实践研究，是提高教育教学质量的现实需要。

一、实施物理与音乐跨学科教学可能性分析

音乐与物理学的联系非常紧密，音乐对物理学发展有促进作用，物理原理在音乐中有很多具体应用。许多在科学领域取得伟大成就的科学家同时又是音乐界的才子，即集科学家和音乐家于一身，其中又以物理学家最为突出，如爱因斯坦、牛顿、开普勒、钱学森等。物理的"严谨、理性、逻辑、科学"与音乐的"自由、感性、直觉、人文"似乎是对立的、互不关联的，然而事实上许多科学家的科学发现过程又受益于音乐的启迪。

科学和艺术是不可分割的，就像一枚硬币的两面，他们共同的基础是人类的创造力，他们追求的目标都是真理的普遍性。物理与音乐有着紧密的联系，不仅仅在于乐器发声的物理学原理，从思维层面来看也是相通的，音乐能够启迪科学思维。

《普通高中物理课程标准》和《普通高中音乐课程标准》中，关于核心素养的表述有所不同，实施路径和方式上也存在差异，但整体方向是一致的（如图2-2-1所示），这就为物理与音乐的跨学科教学融合提供了可能性。

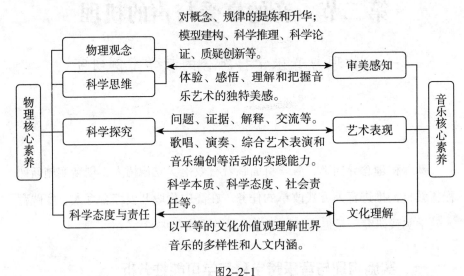

图2-2-1

二、学情分析和跨学科学习的必要性分析

高二年级选学物理的学生，刚刚学习了"机械振动"和"机械波"等内容，它们在生活中的应用非常广泛，如乐器的发声原理等。此时，课堂教学要适当联系生活实际，培养学生学习兴趣和学以致用的意识，增强科学探究和解决实际问题的能力。

高中物理教材选择性必修第一册，第二章《机械振动》的第二节《简谐运动的描述》，课文中"科学漫步"栏目专门介绍了"乐音和音阶"，指出"高音do的频率正好是中音do的2倍，而且音阶中各音频率与do的频率之比都是整数比"，并列出了某音律C调音阶中各音的频率。

高中物理教材中设置"科学漫步"栏目的目的是开阔学生视野，引发主动学习，属于选学内容。有兴趣的学生进行深入探究时，需要教师的适当指导，这就提出了跨学科教学的需求。但是，大部分物理教师对乐理没有研究，或者知之较少，需要双师备课，共同进行教学设计，同台施教。根据实际需要，笔者开发了跨学科教学案例，课题为《音的享受与声的机理》。

三、基于核心素养发展的跨学科学习目标

一是通过对物理学家在科学研究中具体案例的分析，了解音乐对启迪科学思维的作用。认识两者的共同基础是人的创造力，科学发现过程是一种艺术活动形式。

二是分析音乐现象中的物理学原理，认识物理在音乐领域发展中的作用，能够联系物理知识解释相关的音乐现象。

三是分组进行多个物理与音乐交叉领域的实验，经历对常见弦乐器结构的观察和发声规律的探究过程。鼓励学生设计方案，自制简易电子乐器。

四是通过音乐欣赏，回顾历史事实，丰富情感体验，感受科学和艺术之美，尝试从不同角度欣赏或分析艺术作品。

四、课堂教学设计思路

本节物理与音乐跨学科教学，两位不同学科教师有效配合，根据需要交叉或同时出场，以问题引领、任务驱动的方式推动教学活动的展开，教学过程就是解决一个个实际问题的过程。教学过程中，共设置了八个主题活动，每个活动都对应具体任务，目标指向明确。活动的设计基本按照"情境—问题—探究—结论—交流—应用"的思路，活动流程、任务主题、素养导向的线索（如图2-2-2所示）。

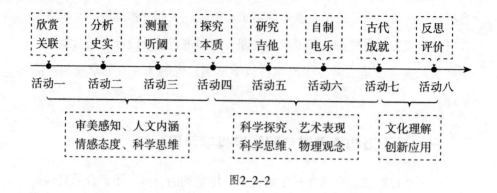

图2-2-2

五、课堂教学实施过程

活动主题一：音乐与物理的关联

活动设计：音乐教师演奏小提琴曲，在音乐享受中拉开本节课的序幕。

驱动问题：教师提出问题：拉小提琴的时候，为什么要不断按压不同位置的琴弦？从物理学角度来看，这是在改变什么？

设计意图：欣赏乐曲，导入教学。享受音乐的同时，把物理与音乐联系起来，启发学生思考演奏中的物理学原理。

活动主题二：音乐启迪科学思维

活动设计1：分享科学家的故事，分析原因。牛顿在音乐中发现光的韵律；开普勒在音乐中发现了宇宙的和谐之处，并用一首"行星协奏曲"谱写第三定律；爱因斯坦说过，音乐是产生直觉的推动力量，音乐的感觉给他带来新的发现。

驱动问题1：物理"严谨、理性、逻辑"，音乐"自由、感性、直觉"，似乎两者趋向两个相反的方向。那么，音乐艺术与物理研究之间有具体联系吗？

设计意图1：引发思考，发现音乐与物理之间的紧密联系，艺术与科学是和谐统一的。体会到艺术和物理都是人类对自然的认识，是由从形象到抽象，从复杂到简单的思维过程所形成的。

活动设计2：物理教师演唱自编的"▽之歌"，把难于记忆的麦克斯韦方程组中的四个方程顺利地唱出来。学生分享关于音乐辅助学习的个人经验。

驱动问题2：音乐对物理学习有直接帮助吗？

设计意图2：启发学生意识到将音乐元素引入各领域，是一种学习方法，也是一种生活方式。

活动主题三：测量可听声范围

活动设计：回顾有关声音的常识，通过测量自己的可听声范围，了解音调变化规律。

人类的可听声频率范围在20～20000Hz之间；人类歌声的声波频率大致从男低音的60Hz至女高音的2500Hz；钢琴发声的最低音是27.5Hz，最高音为4186Hz，等等。

驱动问题：音调的高低，在物理学上用哪个物理量描述？自己的可听声范围是多少？

实验探究：测测我的可听声范围。教师利用手机APP"声音发生器"发声，通过音箱上的蓝牙连接，播放出来。当频率在0～20000Hz之间连续递增时，学生用高高举起的手来表示还能听到声音。

设计意图：通过测试听觉敏感度，感受不同声音的频率差别，激发对振动和声音的物理原理的探究兴趣。

活动主题四：声波的物理学本质

活动设计：回归教材中简谐运动与简谐波的概念，所有乐音均可用数学公式来描述。给出具体公式，探究乐音的物理学本质。

驱动问题：弦乐器的发生频率与哪些因素有关？吉他、小提琴等弦乐器在使用前需要调音，调音的物理本质是什么？

实验探究：弦上驻波的生成和观察（如图2-2-3所示）；"看"到空

气中的声音驻波（如图2-2-4所示）。

调节绳波演示器的输出振幅、频率、绳上张力，可以通过观察绳上的驻波现象进行了解，波腹和波节明显可见。在声驻波发声装置中，玻璃管的一端是封堵的，另一端安装扬声器，启动后，玻璃管内的泡沫小颗粒就会随着音乐"舞动"。

图2-2-3

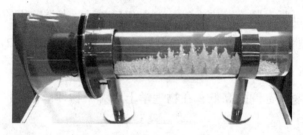

图2-2-4

设计意图：将高中物理教材中振动和波的知识适时地运用在乐器中，学以致用。通过实验操作和现象观察，了解驻波现象，深刻理解波的叠加原理，解释生活现象。

活动主题五：吉他的结构和发声频率

活动设计：观察六弦古典吉他的结构（如图2-2-5所示），测量不同琴弦和同一琴弦不同品的振动频率。观察吉他共鸣箱体的结构，分析共鸣箱的作用和物理原理。了解十二平均律等乐理知识，体会音乐与数学、物理的紧密联系。

驱动问题1：怎样测量琴弦各品的发声频率？吉他同一琴弦上各品的振动频率之间有数学规律吗？

图2-2-5

实验探究1：学生小组合作，用手机APP"声音分析仪"分别测量不同琴弦和同一琴弦不同品的振动频率，分析它们之间的数学规律。

设计意图1：在教师指导下，通过动手操作和测量，探究传统弦乐器吉他的发声原理和频率规律。培养实验探究的能力，了解我国古代对音律研究的成果。

驱动问题2：乐器共振箱的作用是什么？对形状、大小、材质有要求吗？

实验探究2：师生合作，测量红酒杯的固有频率，然后进行"声音震碎酒杯"实验（如图2-2-6所示）。

图2-2-6

设计意图2：引导学生通过动手实验，加深对"固有频率""共振"等物理概念的理解，让学生现场看到共振现象，在震撼人心的场面下引导学生思考共振的防止和应用。

活动主题六：探究电吉他的发声原理

活动设计： 比较电吉他与古典六弦吉他设计原理的差别，了解电吉他的工作原理。观察和欣赏教师自制的电磁感应琴的结构和发声效果，提出改进建议。小组合作设计一款电磁感应琴制作方案，教师提供器材，课后继续自主完成安装和调试。

驱动问题： 电吉他与传统吉他的结构有哪些区别？电吉他的基本工作原理是什么？请你设计一款电子琴的制作方案。

实验探究： 动手观察和弹奏电吉他与传统吉他；设计和制作电磁感应琴。

设计意图： 引导学生思考和了解现代科学技术对音乐领域发展的推动作用，通过分组设计方案和小制作活动，发展实践意识和创新能力。

活动主题七：我国古代声学领域的成就

活动设计： 依托出土乐器和古代回声建筑等资料，介绍我国古代声学方面的应用情况，了解周朝初期的五声音节"宫、商、角、徵、羽"等史实。对于古诗《枫桥夜泊》，分别从文学赏析、历史背景、音乐声调、物理原理等角度进行解读。

驱动问题： 为什么会有"五音不全"的说法？尝试从几个不同角度欣赏这首古诗。

理论探究： 学生个人、小组、音乐教师、物理教师等分别交流对古诗《枫桥夜泊》的分析。角度不同，解读就不同，体现跨学科知识的具体运用。

设计意图： 认识中华民族丰富的文化内涵，坚定文化自信，增强民族自豪感。培养学生从跨学科的知识、方法、思想出发，多角度分析事物的意识和能力，理解不同文化语境中音乐艺术的人文内涵。

活动主题八：自我小结，延伸课后学习

活动设计：学生小结本节课的收获和得到的启发，教师给学生布置课后继续探究的任务主题。给每位学生配发一支"竹笛哨子"（如图2-2-7所示），学生课后继续自主探究。

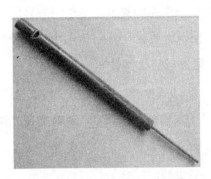

图2-2-7

驱动问题：在今天的课堂上，你受到了什么启发？还有哪些方面有待继续探究？

课后探究：第一，观察竹笛哨子的结构，探究"推拉活塞时哨子发出不同音调的声音"；第二，尝试用该竹笛演奏简单的乐曲。

设计意图：给学生时间总结学习心得，将学习从课内延伸到课外，从学以致用到为用而学。

六、总结与反思

（一）跨学科课堂教学实践的反思或改进建议

首先，本节课的教学时间为60分钟，知识容量大，探究活动多。学校课时为40分钟，可以考虑把本节课拆成2课时，给学生充足的时间进行实验探究和小组活动，注重体验和交流。其次，建议设计并下发"学习任务单"，让学生明确这节课的整体逻辑和具体任务，也方便记录实验探究的数据和反思小结。最后，这样的跨学科教学方式适合以行政班级为单位进行教学，也适合在校本课程实施中供部分学生选择修习。

（二）物理与音乐跨学科教学活动可持续开展

物理和音乐是相通的，在形而上的哲学层面是统一的，都是追求世界和谐。跨学科教学实践，有必要持续地开设下去，做中学、用中学、创中学，这既是培养学科核心素养的要求，也是因为它能有效地解决与两学科联系紧密的真实生活问题，更是培养创新人才的途径。当然，在实际教学中，不能为了跨学科而进行跨学科教学。

（本案例由深圳市教育科学研究院李春来老师提供）

第三节　"师生共建"的历史课堂

　　线上课堂教学中，运用混合式学习的方法，在新课程新教材理念的指导下，着重探索历史核心素养的理念，重点落在"学生求知欲"的培养上。

一、基于新教材，不止于新教材

　　充分利用线上教学的特点，挖掘新教材中能够激发学生学习主动性、积极性和创造性的主题内容，精心设计主题作业，让学生用自由的方式发现新知。

　　集体备课是新知与智慧迸发的源泉。高一历史备课组提前制定历史科组集体备课教学课程安排表，充分利用教材、教参和练习册等相关资料，做好集体备课工作。在历史线上课堂中，这些扎实的集体备课工作，形成了适合红岭中学学生实情的学习主题，有利于培养学生的学习与思考能力，激发学生的求知欲，进而可以更好地实现历史线上教学的有效性。

二、发挥混合式学习的优势，激发学生学习兴趣

　　线上课堂教学与线下课堂教学相比，因缺少师生面对面的互动与沟通，往往缺乏生动性而使课堂过程显得平淡甚至是乏味，久而久之，线上课堂教学的有效性就会减弱。学生的求知欲是基于兴趣而产生的。如何克

服这些线上课堂教学客观存在的问题呢？多样化的线上教学模式的开展中，课堂教学的有效性和课后作业辅导的生动性相结合，既可以发挥学生的主体性，也可以更好地调动培养学生学习的自主性、主动性和创造性。这恰恰是解答这道难题的答案。我们高一历史科组多样化线上教学模式的开展，用有效的实践行动解答了这道难题。

（一）问题探究式教学模式

问题探究式教学在线上课堂中更强调教材的重要性，通过问题设置，学生依靠手中教材开展自主学习，在网络课堂讨论区内学生各抒己见，把网络、学生、教材有机地结合在一起，既锻炼了学生解读材料、分析问题、概括总结的能力，也培养了学生对历史学习的兴趣和思考。于波、吴拥军两位老师经常通过问题探究式教学法组织线上课堂教学，这种教学模式通过不断激发学生的问题意识，进而使学生和老师形成良好的线上讨论互动和线下课后问题解答互动的双互动教学模式。因此，问题探究式教学模式在线上课堂的实践既可以激发学生的求知欲，也可以有效提升学生在线上课堂中的专注力。

（二）小组合作式教学模式

基于分散和集中学习的基本原理，分散搜集资料，集中展示交流，有助于充分展示学生的学习效果，从而进一步激发学生的求知欲望。在线上课堂中，刘雪坪、双学锋两位老师充分利用小组合作式教学模式发掘了学生学习历史的兴趣与热情，使略显单调的线上课堂充满了生趣活力。在每课的预习环节中，老师通过问题的设置引导学生阅读课文，通过课后小组线上讨论完成预习任务。线上课堂中，小组代表举手发言，解答预习作业中的相关问题。在历史史实、历史事件的讲解引导中，老师提出相关问题，学生在讨论区进行抢答。在历史知识复习环节中，同样通过讨论区抢答方式实现对所学知识的及时巩固复习。整个过程中，遵守抢答原则的学生回答正确后进行加分，小组代表发言言之有理即可进行加分。同样，课后作业中，老师结合每位同学的批改情况即不同等级进行相应加分，每位小组组长不仅负责督促小组成员历史知识预习复习工作，同时对本小组相应加分进行总分核算并交给历史课代表，历史课代表进行各小组分数的核实以及小组排名。通过这种积分升级方式，把教学中的各个环节有效地进行组织与调度，让学生在学习中追求对历史知识的渴望与思考。

（三）个性化作业设计教学模式

让学生从生活中发现学习历史的乐趣，能够在生活中运用历史知识，是历史教学的重要原则。基于此，历史教师对历史教学中的各个环节进行了深入思考，反思了原有的教学模式，个性化作业设计应运而生。利用个性化作业的设计，让学生梳理知识，弥补知识漏洞。双学锋老师和郝嘉敏老师利用个性化作业设计教学模式进行线上课堂教学，不仅让学生获得了更多的历史知识，而且能从更广阔的视角去感受完成作业的过程，激发了学生学习历史的兴趣，增强了学习的主动性。

个性化作业设计教学模式，注重作业的探索性，给学生留有一定空间，有助于培养学生的质疑精神和探索能力。作业的设计，应该具有开放性，让学生能够在学习相应的历史知识的过程中开阔视野和思维。学生完成个性化作业的过程是学生发挥主观能动性和创造力的过程，是学生培养思维能力获得感悟的过程，所以呈现的学生个性化作业是其智慧的结晶。而老师，不仅仅是学生个性化作业的批改者，也是阅读者，更是互动者。因此，面对一份份学生的个性化作业，老师应该积极批改回复，及时进行思想的碰撞与交流。这种积极的互动性可以极大地激发学生对历史知识的求知欲，推进学生对历史知识与现实生活的联系与回望，更好地促进学生主体性作用的发挥，从而有利于提高线上课堂教学的有效性。

（四）思维导图式教学模式

思维导图能够帮助学生从零散的历史知识中提取、组织和储存有用信息，根据每个学生的思维角度，构建出容易被自身接受和识记的知识体系，使历史的学习更系统化、结构化和条理化。周晓濛老师和姜少梅老师在线上课堂教学中运用思维导图教学模式进行复习课的教学活动，有助于学生对知识的理解、思考和记忆，更有助于激发学生对历史的求知欲。

在线上课堂的复习课中，老师借助思维导图作为复习提纲，可以让学生对所学知识进行回顾，然后及时进行查缺补漏工作。这样既可以节省学生的复习时间，也可以激发学生的大脑潜能，有效地增强了学生对历史知识的记忆和理解，激发了学生的历史学习兴趣，使学生在历史知识的梳理过程中进一步培养历史思维能力，从而有效地提高了学生历史学习的效率。

这些多样化的线上课堂教学模式激发了学生学习历史的兴趣，为我们高一历史的线上教学带来了更为生动的气息。学生只有对所学的知识产生兴趣，才能激发他们的学习欲望，促使学生勤学多思，成为学习的主人。

三、以塑造具有理性精神的新青年为目标，提升学生的求知欲

多样化的线上课堂教学模式，有效实践了网络教学两手抓的目标，课堂教学的有效性和课后作业辅导的生动性相结合，激发了学生的求知欲。把立德树人始终放在首位，把培养学生的历史学科核心素养作为我们历史教学的立意，把培养具有理性精神的新青年作为教育目标，这是我们高中历史教学的使命。而历史线上课堂教学的特殊性凸显了高中历史教学使命的重要性。因此，在历史线上课堂教学的开展中，我们始终要坚持实践这些立意与目标，只有如此，才能更好地激发学生的求知欲。

新教材《中外历史纲要》下册第26课《中华人民共和国成立和向社会主义的过渡》中，本节的作业展示方案为：学生选取课文中涉及的任何一个事件，写一篇随笔、感想或者论文。

在这些学生的随笔、感想和论文中，我们看到了学生针对各种历史事件的所思所想；学生从国内、国际因素，主观、客观因素，政治、经

济、思想、军事等因素，对历史事件的背景进行多角度分析；从正反两面分析评价历史事件；从几个看似无关的历史事件中挖掘出它们内在的必然联系；从事件发展的时间纵轴上找到了历史认识的蛛丝马迹。让历史老师更为感动的是，学生们在自己的文章里写出了自己的思考与困惑，更多的学生在作业中表达了对抗美援朝战争中志愿军英雄的热爱；学生们在作业中表达了对党和政府在过渡时期的不易的理解与支持，表达了对党和政府的努力与付出所折射出的智慧的敬佩之情；更表达了对国家的信任与对文化的自信。这些感悟与表达让我们看到了这一代青年人，是有自信、有信仰、有理性精神的新青年。而老师利用评语积极地和学生进行思想、情感上的互动，这种以培养学生历史学科核心素养为核心，塑造具有理性精神的教学模式，可以更有效地保持和提升学生的求知欲。

求知欲的培养说到底就是一个源头工程，我们只有做好集体备课的充分准备，从根本上激发学生的学习兴趣，从内心深处培养学生的理性思维与核心素养，才能使他们真正热爱学习，享受学习，体验学习的乐趣。

（本案例由红岭中学历史组郝嘉敏老师提供）

第四节 "生生共创"的英语特色作业

为了激发学生在家学习的兴趣，新冠肺炎疫情期间英语作业布置坚持"五育并举"，根据学生的特点和认知水平，设计了别样的单元主题作业和开放性作业，全方位培养红岭学子的英语学科素养。

一、云写作，心相连

针对B2U5的写作任务"writing a postcard"，英语老师对教材任务进行了修改，布置任务"给老师写一张明信片"。该任务旨在通过让学生阅读明信片，回答问题，了解并掌握明信片的格式及文体特点。而为了激发学生的创造性，增加任务的真实性，一些英语老师更是将自己的地址提供给了学生，让学生寄出。小小的明信片确实发挥了交际功能，为师生架起了线上线下沟通的桥梁。收到明信片的老师们，内心充满感动，而写明信片的同学

图2-4-1

生们，又寄托了自己对没齿难忘的师恩的感激之情（如图2-4-1所示）。

二、知识巩固，导图相助

在高中阶段的学习中，对知识点的记忆是非常重要的。而关于记忆有一个非常好的例子——蜘蛛很少从网上掉下来，是因为它有八条腿都挂在网上，即使偶尔失足两三条腿，也不会掉下来。而思维导图就像蜘蛛网一样，让一个知识点与其他知识点建立很多联系，这样学习者便很难忘掉，即使偶尔忘掉了一些，也能通过它与其他知识点建立的联系而实现有效记忆。

在本次线上教学中，高一学生的语法教学正好推进到对内容庞杂的非谓语的学习阶段。非谓语也是高考重要考点，老师循序渐进地推进，从点到面，最后再让学生通过思维导图的方式，自主构建属于自己的知识网络。

单元知识归纳方面，英语老师一直坚持使用思维导图，让学生对单元知识做到心中有数。

在B2U6第六单元的环保主题下，为训练学生的逻辑思维能力，强化对重点话题知识的掌握，英语老师们不谋而合布置了利用思维导图完成的作业（如图2-4-2所示）。在作业中，学生展示出了清晰的逻辑思维能力、丰富的理论知识，以及扎实的语言功底，令人拍案叫绝。

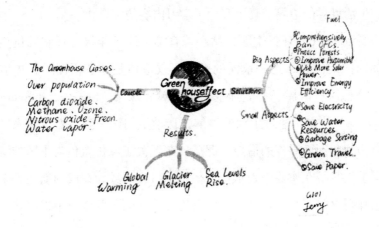

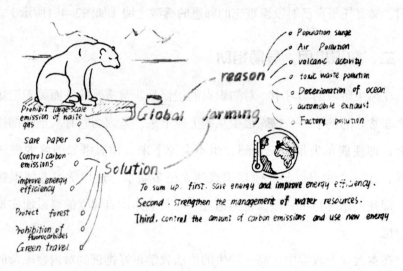

图2-4-2

三、主题作业，大展身手

主题式学习是指学生围绕一个或多个经过结构化的主题进行自主研究的一种学习方式。这一方式能够充分调动学生的积极性，丰富学生的课余生活，还能为一群英语爱好者搭建展现自我风采的平台，使学生更加自信上进。因此，高一英语组的老师们根据必修二不同单元的主题，分别设计了不同的主题作业，学生利用线上学习中信息获取的便利性，打破了书本世界和生活世界的边界，真正实现了学习内容的综合化。

当看到B2U6的环保主题，站在德育第一线的年级主任和几位英语老师不约而同地决定，这一单元的教学不仅应该是"英语课"，更应该是"社会公德课"。周子杰老师基于第六单元课文"Sharks, dangerous or endangered"一文，通过生动的讲解，让学生们认识到"鲨鱼吃人"不过是人类为了牟利而寻找的借口。课后，布置关于保护鲨鱼为主题的海报作业，同学们纷纷在作业中表示：要拒绝因口腹之欲而造成的动物屠杀；而有的老师则着眼于节水行动，学生纷纷在精美的主题作业中提出非常切实可靠的节水举措；何晓炼等老师则基于一整个单元，号召学生思考如何从自身行动出发，守卫地球（如图2-4-3所示）。

图2-4-3

　　而针对B2U5的旅游主题，有的老师设计了"旅行计划"的主题作业，学生运用课堂所学，设计了丰富充实的旅行计划，除了用幻灯片展示外，还有用思维导图、Excel表格做计划的（如图2-4-4所示）。学生课堂展示积极踊跃，表达流畅，准备丰富，能够深切地感受到他们对新冠肺炎疫情结束后的畅想和期待。听到了久违的同窗的声音，学生们也在评论区积极踊跃互动，虽不能看见彼此，但能感受到学生们的阵阵欢声笑语。

图2-4-4

　　在B2U1的菜肴主题上，寒假期间，为充分发挥学生的创造性和动手操作能力，每位老师都安排学生制作一道菜肴，并根据实际操作过程，制作图文并茂的菜肴食谱。学生既走进了厨房帮助父母分担家务，又学会了一些菜肴制作的基础技巧。很多学生反馈假期爱上了下厨房。华艳霞老师和张蕾老师细心收集了海报并认真地进行了点评和评奖（如图2-4-5所示）。

Salted Shrimps

INTRODUCE

The salted shrimps was once invented by Cantonese. This kind of dishes are mainly cooked by grass shrimp and many other condiments. It is one of Chaoshan classic dishes which is widely cooked all around China. The nutrition of the shrimps is so abundant which makes the dishes good for our body health. For example, shrimps are fluffy and easy to digest, which is a very suitable dish for weak patients and those who need to be well cared. Are the wonderful salty taste and the soft and smooth texture hanging your appetite? Why not have a try? Come on!

STEPS

1. Prepare ingredients: prawns, crude salt, pepper, ginger

2. Handle shrimp lines. Put the treated shrimp into the water for standby to prevent the shrimp head from turning black.

3. Turn on medium heat, add coarse salt and fry nutil cooked.

4. Shovel out half of the crued salt for standby, and then put in ginger slices. If there is no pepper, you can put more ginger slices.

5. Put the prawns on the ginger slices and put the remaining coarse salt back to cover the prawns.

6. Cover and simmer for 10 minutes, and the salt backed shrimp will be ready.

图2-4-5

主题学习和主题式作业既适应了跨学科学习和探究的要求，也渗入到英语学科教学中，起到了学科整合的作用。未来，高一英语组会为学生搭建更多英语主题式活动的展示平台，以主题式活动为契机，营造浓厚的英语学习氛围，不断实现主体分层、多元评价。让学生们的英语能力在活动中不断得到提升。

四、千里之行，始于书写

从高一学生入学开始，高一英语组便坚持利用每周四晚自习前20分钟时间统一安排习字活动。经过一学期的努力，有不少同学在上学期的英语书法大赛中斩获佳绩；也有同学越挫越勇，下定决心要把字练好，为高分作文备好"敲门砖"。为此，网课期间刘桂梅老师、卢爱娇老师坚持布置习字任务，相信天道酬勤，同学们定能在春暖花开之际，收获最美好的果实！

五、课后辅导，双向奔赴

教与学，从来不是一个人的自导自演，而是老师与学生的双向奔赴。老师保质保量地教，学生也勤勤勉勉地学。有学习便有思考，有思考便有层出不穷的问题。因此，高一英语组全体教师也千方百计做好学生的课后辅导。当然，教师也可以通过作业的形式，检查学生笔记，确保课堂知识吸收效果。

六、答疑解惑，立等可取

"网络课程的最大好处是学生可以随时答疑解惑，虽然这意味着每天要不停回复，但It is nice to be a problem solver！"，这是一位老师在网课日记中发出的声音。线上课堂让教学形式跨越了空间的限制，也让老师的辅导跨越了时间的限制。其实学生能够发现问题，独立思考，寻求解决问题的途径，有"打破砂锅问到底"的精神，对于老师来说是教学中的最大成就，而对于学生来说，也是最难能可贵的品质。

（本案例由红岭中学英语组黄嘉嘉老师提供）

第五节　地理课上带学生"出走"世界

信息技术的不断发展和应用使地理教学有了更多创新的可能，它就像一种能推动地理教学改革的动力，在教师和学生的不断尝试下，教师的教学方式会有新的变化，学生的学习模式也会有新的突破。在教学的实施过程中，往往容易不小心陷入了传统教学的"舒适区"中，随着教学的惯性推进着教学进度。因此，提前对不同学段、不同学习内容和不同学习活动进行整合和规划，可以让地理教学在信息技术辅助下更具前瞻性。

地理教学有着自身的学科特性，将义务教育阶段和高中阶段的学习内容紧密地联系在一起，学生在中学阶段对地理知识的学习是一种从表象到原理的认识过程。从地理学科核心素养的水平划分以及从理解的角度上看也是一种由表及里的过程，从视觉、听觉、触觉、嗅觉等多个角度对地理事物进行观察，进而逐步深入探究地理事物的时空规律、地理要素的相互影响和地理现象的因果关系，最终达到能够解决真实的、综合的复杂问题。因此，在信息技术与地理教学融合的过程中，需要把信息技术和地理教学融合的覆盖面进行扩展，引入到学生课内外的学习活动中。学生若要达到学以致用的水平，教师则需要在教学的过程中不断地进行课程内容的整合，加强学生对知识进行融会贯通的能力，使学习的方式不断向项目式学习过渡，教学方式多往"问题式教学"靠拢，在此要求下，信息技术与地理教学融合的效果会更加显著。

案例呈现关系到地理学科内容的各个方面。它包括：义务教育阶段的地球和地图、世界地理和中国地理；高中阶段的地球运动、地理信息技术、自然现象和自然要素、社会经济和人类活动、自然资源与可持续发展。将AR、VR资源应用、实时信息呈现、模拟动画、专业主题地图和卫星影像等多个方面与地理教学内容进行融合，灵活地把各种手机APP的资源呈现在地理教学中。

此外，案例呈现考虑到了地理教学的不同环节。首先，课堂作为教学的主要阵地，在同屏投影技术的辅助下，从手机APP中的地理课堂获得了更多教学资源；其次，地理学科核心素养强调地理实践力，学生需要走到大自然当中，在真实环境中解决问题，学生将会在各种手机APP的辅助下自主完成更多的学习内容和学习任务；最后，地理学科核心素养强调人地协调观、综合思维和区域认知，学生需要有更多自主思考的时间，也需要更多与同伴合作的过程，因此，在教学过程中整合设计出学生需要完成的研究性学习、综合学习项目就显得非常重要，手机APP和信息技术软件能够为学生的自主学习提供更多的学习资源。

【应用案例】应用街景地图的教学情景创设

在现代信息技术的支撑下，本课主要基于多媒体教学平台，呈现出课程所需要的各种地理主题地图，为学生提供基本的学习素材。此外，为了加强学生在实际地理景观上的感受，加入街景地图作为重要的呈现方式（如图2-5-1所示）。

除了信息技术的使用以外，课堂也重视学生对于知识的归纳和梳理，通过图片、动画和黑板板书等方法对课堂教学的脉络进行呈现。

图2-5-1

南方和北方生产、生活差异——课堂场景（节选）

1. 足不出户游走南方北方

投影：今天，老师给大家展示一个很好玩的手机APP——腾讯街景地图。中国各地现在都保存有不少的古镇和古村落，我们探究南北方的差异最好就从这些传统的古色古香的地方出发，跟着老师足不出户游走南方北方。

同屏展示：手机打开"平遥古镇"和"乌镇"的街景地图，一边展示一边引导学生找出南方和北方在建筑与交通上的差异。

教师总结：平遥古镇是我国北方地区的古镇，可见建筑屋顶坡度较小，周边环境植物较为稀疏；乌镇是我国江南一带的古镇，此处降水较为丰富，河网密集，屋顶坡度较大，房屋傍水而建，古时人们习惯水上交通。

2. 回忆中的传统年味儿

投影：摄影师镜头下的春节映像。

教师：读出这些映像中的句子，并让学生回想刚过去不久的春节，回忆年夜饭的时候都吃了些什么。

学生：和同桌相互说出自己的年夜饭的菜品，并把主食等关键词记录在学案相应的位置上。

教师：同学们，相信大家都分享了你们家里的春节习俗以及热闹非凡的年夜饭场景。让我们一起对照着人文环境的知识地图，总结作为"南方人"我们的农业特点和饮食习惯特点（如果学生本身是"北方人"则总结北方生产生活特点）。

学生：补充完整知识框架。

教师总结：（教师带领同学，利用知识地图进行课堂小结）传统年味儿可能已经不是我们在吃什么，而是相亲相爱一家人的团聚与对未来的希冀……

教学流程（如图2-5-2所示）：

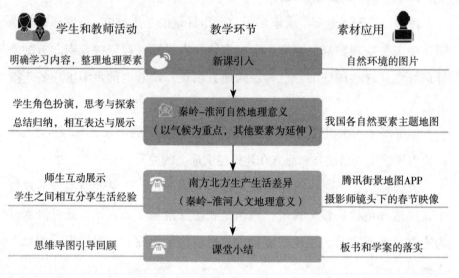

图2-5-2

（本案例由红岭中学地理组冯嘉琪老师提供）

第六节　打造基于大数据技术的
可视化物理课堂

利用数位手写板、小组平板电脑、教师终端三者搭配同屏投影设备，让课堂反馈变得随手可得。以教师终端为核心，学生个人数位手写板可以即时传输课堂实验记录、课堂练习思维痕迹；小组平板电脑可以回答教师发布的问题，上传自己的实验照片，查阅资料。教师终端通过对教学环节的把握，选择相对应的学生互动资源进行上传投影。配合同屏投影设备，让实验过程也能清晰地呈现在眼前。

《通电导线在磁场中受到的力》一节在高中物理中是非常重要的内容，是电磁学的核心内容之一，在学习上起着承上启下的作用，是后面学习洛伦兹力、电磁感应定律的基础。新课标要求学生理解安培力的定义，知道其矢量性；熟练应用左手定则判断安培力的方向；会计算安培力的大小；了解安培力在生产生活中的应用。

一、全息未来教育云端系统支撑课堂实施

区别于传统的物理课，本节课例旨在打造基于大数据技术的可视化物理课堂，对学生在课堂中的表现进行多元评价，并提高课堂效率，因此应用了多种新媒体和新技术。

（一）多彩的实验器材

本节课例中，基于STEM教育的理念，让学生通过动手来探索新的问题，利用了简易电磁炮、探究安培力方向的自制实验、平行电流的相互作用演示及趣味物理小实验等。学生的动手机会多，增加了学生的兴趣，也通过电磁炮介绍视频等课堂环节引导学生学以致用。

（二）数位手写板

使学生的思维过程得以被留痕，留痕的思维过程被即时进行数据化转换，并能够通过教师的中控系统，对全班同学的情况进行了解，并进行展示交流。这是一项非常好的技术，让学生在不改变原有书写习惯的情况下，达到了数据储存的功能。

（三）同屏投影技术

学生和教师的平板电脑，均可以在同屏投影的技术支持下，获得过程的展示，让教师在平板电脑上的解题过程可以轻易被记录和即时呈现。配合平板电脑当中的一些应用软件，从而补充了课堂的资源。

（四）教师终端中控系统

教师终端中控系统可以把控学生的小组平板电脑，呈现学生数位手写板的内容，对视频、幻灯片等教学资源进行展示。

（五）小组平板电脑

每个小组均有一台移动终端，组内成员可以使用移动终端对实验过程进行记录，并可以利用平板电脑回答教师发布的选择题，教师终端上可以快速收集到学生的答案，大大提高了教学效率。

二、基于大数据"收、存、管、用"下的教学设计

基于上述新技术，本节课设计了如下的教学环节，如表2-6-1所示：

表2-6-1

教学环节	环节目标	教学内容	学生活动	媒体作用及分析
新课引入	激起学生的学习兴趣	视频——"国内外的电磁炮研究发展"	观看视频	高中理科学生对新科技的发展往往比较关注，通过电磁炮的研发过程相关情景视频，让学生进入到本课的学习情景
一、"简易电磁炮"实验	把生活中的情景带入到课堂中，利用简易版电磁炮进一步引发学生对学习知识的探究	教师进行简易实验——"简易版电磁炮的威力"。通过对被打击物的厚度进行改变，引发学生对电磁炮能力来源的思考	观察实验过程，引发学生思考。学生一起参与实验，为学生增加更多的课堂体验	简易的实验器材让学生感受到知识可以触手可及，鼓励学生在课余时间可以制作实验器材，进行实验探究，奠定学生参与STEM教育的基础
二、安培力的概念引出	从宏观到微观考虑使得物体前进的力。从真实的物理现象中引出安培力的概念	教师利用电源、蹄形磁铁、铜棒和导轨等实验器材，为学生展示了安培力	学生通过观察实验，感受安培力	简易的实验过程，利用同屏投影技术，为学生们展示了非常细致的实验过程
三、安培力的方向	学生通过小组活动，完成一个实验，探究安培力的方向。教师指导学生完成实验，引导学生分享实验过程，并对实验过程进行总结，得出安培力方向的判断方法	布置小组活动的具体任务：组员分工，明确记录员和摄影师的工作任务。教师指导学生完成实验，记录数据。选择部分实验数据进行投影，与学生一起分享自主讲解自己的实验过程，学生提出自己的实验疑惑和解决办法，展示出自己的实验装置	学生以小组为单位，完成安培力方向的探究实验。该过程中，记录员可以用自己喜欢的方式完成实验的记录，与摄影师利用小组员实验、拍摄过程进行记录，拍摄实验过程使设计情况	小组平板电脑提供了记录实验现象的功能，并能与同学进行分享；数位手写板提供了实验数据数字化的功能，学生在正常的书写情况下，手写板完成了数字化过程，并把数据传输至教师终端

续表

教学环节	环节目标	教学内容	学生活动	媒体作用及分析
四、练习：安培力的方向	利用三道练习对学习内容进行检测，加强学生对知识的应用能力	利用三道选择题让学生进行练习。教师通过中控系统，分享学生的解题过程，引导学生分享自己的解题思路	学生在移动终端上书写出自己的解题过程，与其他同学分享解题思路，利用手写板对问答题作出解答	小组移动终端可以让学生在客观题中完成选择题，手写板可以让学生展示出自己的思考过程，教师手上的surface可以让学生的书写情况得到即时展现。课堂在这些设备的帮助下达到了非常高效的状态，学生思维痕迹瞬时数字化，对学生的选择题即时进行答案统计
五、安培力方向的应用	利用实验仪器，引导学生理解生活中安培力方向的应用	教师利用实验装置，验证练习中关于安培力方向问题的问题，探究平行电流间的相互作用	学生完成练习，并观察教师所用实验装置，对题目中的内容进行验证	在实验仪器的帮助下，加强学生的科学验证精神。用同屏技术将实验过程同步到大屏幕上，让大家都一目了然
六、安培力的大小	引出安培力大小的一般规律，通过练习进一步巩固知识	教师对安培力大小的规律进行讲解，学生在小组平板电脑上进行作答，教师从中控系统中查看学生的作答数据，并根据学情对练习进行讲解	学生完成练习，并在小组平板电脑上进行选择，数据随即传输至教师中控系统	教师中控系统与学生小组平板电脑配合使用，完成了对学生练习情况的把握。该媒体使课堂效率大提高，数据统计功能，教师可以有针对性地对学生进行指导。教师利用同屏投影系统，展示解题过程
七、趣味物理实验"电池转转转"	为学生准备了实验的基本器材，在教师的引导下，完成该实验，再一次感受学习的内容	教师利用平板电脑展示学生制作实验的过程，其他小组一起完成该实验。课后作业：讨论研究该趣味实验的原理	学生分小组利用教师准备的器材完成实验	教师平板电脑在同屏投影系统的辅助下，让一些细小的实验过程清晰可见

三、基于大数据技术的可视化课堂的形成

（一）实验过程可视化让细节无处可藏

物理实验的现象往往较为细小，以往的实验过程难以向全班同学分享。本课例利用同屏投影技术，通过移动终端的相机功能，全班同学的实验就会被放大至大屏幕上。大数据技术的支撑使学生的实验体验感增强，通过观察其他组的实验，不断提高实验效率，教师拥有了更多的可以深入到学生当中进行指导的时间。学生出现的问题会及时被教师指出，并提醒其他小组避免错误的产生。

（二）解题过程可视化让教师及时了解学生掌握情况

在大数据技术的辅助下，教师可以把课堂实验、知识讲解以及练习巩固融合在一起，学生能够从高度融合的课堂当中，感受到知识从生活中来到课堂，又走向生活的完整过程。在问题出现时，能够通过实验对问题进行探究，大大地提升了学生对知识的理解深度。大数据技术的辅助使教师教学更加便捷，学生的课堂实验参与度也进一步提高。

数位手写板、小组平板电脑、教师终端三者搭配同屏投影设备，让课堂反馈变得随手可得。以教师终端为核心，学生个人数位手写板可以即时传输课堂实验记录、课堂练习思维痕迹；小组平板电脑可以回答教师发布的问题，上传自己的实验照片，查阅资料。学生学习的点点滴滴都被上传到了全息未来教育云端系统中，教师终端实现对教学环节的把握，选择相对应的学生互动资源进行上传投影。全班同学清晰可见，课堂内容与课堂痕迹被充分保留，也被充分展示。

（本案例由红岭中学物理组魏捷老师提供）

三、国家公务员队伍建设面临的主要问题

（一）部分公务员素质较低的问题

第三章

国家课程体验性实施

第一节　通过挑战性实践活动的
实施达成深度学习

——以"重走伽利略探究自由落体运动之路"为例

　　随着高中物理新课程理念的落地，基于核心素养导向的教学实践正在深入展开，深度学习成为教学指向。创新性地使用新教材，尤其是关于挑战性学习活动的设计和实施，是达成育人目标的重要环节。

　　"自由落体运动"单元，具有广阔的拓展空间和丰富的育人价值，历来都是教学实践研究的热点。新课标新教材背景下，有关本单元的创新性教学设计仍具有继续探讨的实际意义。

一、挑战性学习活动是实现深度学习的关键

（一）深度学习的内涵

　　所谓深度学习，就是在教师的引领下，学生围绕着具有挑战性的学习主题，全身心积极参与、体验成功、获得发展的有意义的主动学习过程。

　　要实现深度学习，摆脱虚假学习或浅层学习，就要求教师整体把握单元学习内容，了解学生的真实水平，找准学生的最近发展区，设计出具有挑战性的学习活动，发展学生的综合素养，发挥学科的育人作用。

（二）挑战性学习活动能促进学生主动和自觉地学习

活动与体验，是深度学习的基本特征，它强调以学生为主体的主动活动的价值，它是从学生学习活动的角度来判定教学是否真实发生。学科知识只是形成学科素养的载体，学科活动才是形成学科素养的渠道，活动没有挑战性就无法实现学生的自觉发展和主动学习。

直接进行知识的讲授，看起来可以让学生在短时间内得到更多的知识，但却很难转化为解决问题的能力，也不利于物理文化的沉淀。核心素养导向的教学，应该把知识转化为学生的主动活动与体验。

（三）挑战性学习活动强调学习内容处于最近发展区

挑战性不是强调学习内容的高难度、情境的高复杂度和问题的高抽象度，而是指为了掌握教学内容而开展的学习活动具有挑战性，包括活动的方式方法、思维层次、操作手段、情感态度、体验的深度等。只有当学习内容处于最近发展区，才会构成挑战性，完成这样的学习活动后会让学生具有成就感。

二、"重走伽利略探究自由落体运动之路"实践活动的提出背景

课程标准对该单元的目标要求一共有两条："通过实验，认识自由落体运动规律"和"结合物理学史的相关内容，认识物理实验与科学推理在物理学研究中的作用"。那么如何有效设计和实施教学呢？

人教版高中物理必修一第2章第4节，教材中通过三个实践活动展开教学，如演示部分的"轻重不同的物体下落快慢的研究"、实验部分的"研究自由落体运动的规律"、做一做部分的"用手机测自由落体加速度"。其目的是使学生加强对自由落体运动规律的理解，加强物理学习与实际生活的联系。完成这样的教学活动，只能实现课标的第一条要求。

笔者认为，教材所安排的实践活动是必要的，但挑战性不强，尤其

会使学生对伽利略的研究过程和研究思想的体验不深。体会不到伽利略科学研究过程中的艰辛，认识不到"物理实验与科学推理"方法的价值。为此，在教材对教学活动安排的基础上，进行了二次开发，引导学生创造条件"重走伽利略探究自由落体运动之路"的实践活动。

三、探究活动的设计与实施过程

经过访谈得知，学生完成教材上"科学漫步"栏目的阅读之后，仍有许多疑问。例如，为什么伽利略不直接验证自由落体运动的性质，而是通过对"冲淡重力"实验的研究再外推到自由落体运动的结论呢？伽利略验证物体沿斜面下滑的运动性质时顺利吗？伽利略是如何对运动过程进行计时的，效果如何？等等。

为此，在教师指导下学生先后进行了如下五次探究活动，各活动中后一次是前一次的延续和改进，让学生经历探究的全过程。

第一次活动：直接研究自由落体运动规律

1. 论证与准备

直接研究自由落体运动规律需要测量两个物理量：下落高度和下落时间。

首先，下落高度的测量。有两种方案，一部分学生认为需要测量出具体的下落高度，可以使用卷尺等工具进行测量；另一部分学生则认为不需要测出具体的高度数值，只需要记录每次下落的相对高度即可。通过讨论分析，最终决定采用第二种方案。

其次，下落时间的测量。伽利略时代，时间的测量主要利用脉搏、滴漏、单摆等简易方法进行。我们最终决定在此次活动中采用脉搏测量下落时间。

最后，寻找实验场地。在保证安全的前提下，需要有可以简易测量相对高度的位置。经过论证，决定利用某楼房墙面上所贴的墙砖。

2. 测量与记录

确定墙砖的数量后，一人释放小铁球，其他人站成一排记录时间（数脉搏）（如图3-1-1所示），整个实验过程约25分钟，记录结果见表3-1-1所示。

图3-1-1

表3-1-1

学生编号（横轴） 脉搏数（记录数据） 墙砖数（纵轴）	学生1	学生2	学生3	学生4
20	1.5	1.5	1.5	1
40	1.5	2	2	1.5
60	2	2	2.5	2
80	2.5	2.8	2.7	3
100	2.6	3	3	2
120	2.8	3	3	3.5
140	2.8	3.5	3.5	4
160	3.2	3.2	4	\
180	3	3.3	4	3.5
200	3	3	3.5	3

3. 实验结论

对实验结果进行分析，很难得出物体下落时间和高度的具体关系。学生们发现，随着物体下落高度的增加，脉搏数并不会一直增加，甚至出现了下落高度增加而脉搏数减小的情况。学生知道了通过脉搏测量时间误差极大，不利于解决自由落体运动时间的准确测量的问题，需要改进测量方法，于是学生提出使用滴漏或单摆对时间进行测量。接下来，便分头制作测量仪器，实验将在后续活动中完成。

第二次活动：滴水计时和秒表计时

1. 测量与记录

一天后，学生们准备了滴水计时器和秒表（如图3-1-2所示），在同一场地对自由落体运动的计时发起了挑战。使用滴水计时器和秒表得到的测量结果如表3-1-2所示。

图3-1-2

表3-1-2

计时方式	滴水计时器（滴）				秒表（秒）			
离地高度（砖块数）	学生1	学生2	学生3	学生4	学生1	学生2	学生3	学生4
40	1	2	1	1	0.53	0.52	1	0.67
80	2	4	2	2	0.71	0.53	1.04	0.75
120	2	3	3	3	0.78	1.0	1.19	0.96
160	3	2.5	2	3	1.54	\	1.62	1.2
200	3	3	4	3.5	1.88	1.6	2.4	1.6

2. 分析与反思

本次实验很顺利，总共耗时15分钟，但是实验效果并不理想。滴水计时器与脉搏计时一样，误差巨大，几乎没有实用价值。而对于秒表的使用，在四位同学手中测出的时间也是大相径庭，考虑到每位学生反应时间不同，以及物体自由下落持续时间较短，使得微小的差值即可导致巨大的误差，因此也无法从中得出确切的规律。

至此，大家意识到，不仅在伽利略时代，甚至利用现代测量工具——秒表，直接测量得到的自由落体运动的时间都是不切实际的。于是，决定重走用"冲淡重力"的方法研究自由落体运动规律的研究道路。

第三次活动：研究"冲淡重力"后的变速运动性质

三天后，再次实验，地点为教室。

1. 开发实验器具

用来模拟斜轨的器材是塑料材质的墙角保护条，共4根，每根长1米。用塑料条拼接成4米长的轨道后，发现拼接处的缝隙无法避免，对小球的自由下滑有影响，此为问题一；抬起轨道一端后，发现轨道强度不够，明显弯曲，此为问题二。这两个问题的存在直接限制了实验的开展。

2. 提出新任务

图3-1-3为学生们通过粘贴木条加固塑料条连接处以及实验的过程场景。在采用捆绑木条的方法来加固塑料轨道这一操作失败后，决定重新选择轨道的材质。至此，第三次活动并没有得到理想的结果，接下来的任务是分头开发和准备更适合的器具。

图3-1-3

第四次活动：改善轨道材质后的探究

此次实验中，选用了一根长度为3m的钢质的完整轨道，它有效避免了拼接处缝隙对小球运动的影响，也避免了轨道弯曲现象。

1. 测量与记录

此次实验共选取了三个倾斜角度，四种计时方法，11名学生参与。在导轨一端分别垫高2.5cm、7.5cm和10cm，通过计算得出角度分别为0.48°、1.43°和1.91°。四种计时方法分别为脉搏计时、滴水计时、单摆计时以及秒表计时。组内学生发现水滴下落得不均匀，而水管处冒出的气泡是较为均匀的，因此学生对滴水计时器进行了改进，自制了通过气泡计时的另类滴水计时器。

第一组实验的四种计时结果如表3-1-3所示，另两组实验结果略。

表3-1-3

离起点长度（cm）		倾斜角度0.48°								
计时方式	序号	30	60	90	120	150	180	210	240	270
脉搏计时（次）	1	4	8	11	12	14	16	15	18	\
	2	4.5	6	8.5	11	12	13.5	14	16	17
	3	4.5	5.5	7	10	11	12	12.5	15	15
滴水计时（滴）	1	4	7	10	12	14	16	16	19	20
单摆计时（次）	1	6	9.4	13	14.5	17	19	20	22	23
	2	7	11	15	17	20	21.5	22	26	27
秒表计时（秒）	1	2.8	4.6	5.6	6.6	8	8.8	9.4	10	10.6
	2	2.8	4.7	6.1	7.1	7.2	9.1	9.2	10.5	11.1
	3	4	4.7	5.4	6.5	8.3	8.7	9.0	10.7	11

2. 分析与论证

从三组实验可以看出，随着倾斜角度的增大，从出发点到相同位置处的时间不断减小。但是，这三组实验的测量结果有较大误差，难以得出具有说服力的结论。这是由于学生采取的计时方法是，一人负责观察小球的运动，其他同学观察自己的计时装置，当小球运动到指定位置时，观察小球运动的同学发出指令，各人记录数据。在此过程中，多个环节存在反应时间，这些因素都影响了测量结果的准确性。

实验结果不尽如人意，还需要继续改进实验器材和方案。于是，接下来的重点工作便是改进方案和制作更精确的计时仪器。

第五次活动：进一步改进计时的方法

两天后，四位同学和老师开始了又一次实验，延续重走伽利略探究之旅。

1. 文献研究

文献研究发现伽利略对匀变速直线运动进行研究时，使用的计时器是一架水钟。对这种装置，伽利略做了如下描述："为了测量时间，我们用了一个放在高处的大贮水容器。这个容器底部焊着一支直径很小的管子，从它得到很细的水柱。物体每次沿整个槽长或部分槽长滚下的那段时间里，我们将流出去的水用小杯子分别收集起来。在一个很准确的天平上称出水的重量；这些重量差及重量比就表明时间差及时间比。"

2. 实验器材

3米长铁质轨道、光滑金属小球、灵敏电子秤、底部带有小水龙头的玻璃容器罐、自来水、纸杯、刻度尺等。

3. 论证方案

经过讨论，由一位同学负责带来了家里父亲泡酒的玻璃罐子，总容积为20L，来充当贮水容器。容器装满水，打开水龙头，水流稳定后，用纸杯接水，水的质量m可以通过灵敏电子秤来测量，则$t_1 : t_2 : t_3 = m_1 : m_2 : m_3$。

抬高铁质轨道一端至适当高度h_n，来改变轨道倾角。

一位同学质疑，打开容器阀门后，随着水的流出，水位下降，水的流速也会发生改变，相同时间内收集到的水量就会不同，怎么办？经过观察和论证，大家认为，由于时间较短，流出的水量较少，水位下降不明显，只要及时补充容器内的水量，这种影响就可以忽略。

4. 实验过程

将轨道一端抬高一定高度h_n并固定，将光滑金属球从轨道顶端由静止释放，用纸杯分别收集小球下滑30cm、120cm、270cm的过程流出的水，$x_1 : x_2 : x_3 = 1 : 4 : 9$，分别测量水的质量。每次接水前，需要将纸杯放在灵敏电子秤上清零，接完水后再放到秤上读出的示数便是水的净质量（如图3-1-4所示）。组员分工合作，配合默契，每一个过程重复实验至少3次。

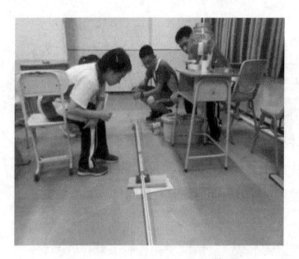

图3-1-4

5. 数据记录

轨道的长度L=3.00m，轨道一端抬高的高度为h_n，数据记录如表3-1-4所示。

表3-1-4

次数 \ 高度水量	h_1=9.0cm			h_2=18.4cm			h_3=27.80cm		
	0.30m	1.50m	2.70m	0.30m	1.50m	2.70m	0.30m	1.50m	2.70m
1	59.00g	141.79g	214.54g	39.06g	103.37g	155.38g	36.87g	88.13g	117.52g
2	52.81g	152.83g	223.54g	44.85g	109.20g	152.00g	30.04g	85.42g	128.13g
3	79.27g	154.22g	233.33g	42.42g	100.36g	159.50g	42.72g	91.38g	126.68g
…	…	…	…	…	…	…	…	…	…
平均值	64.66g	149.61g	223.80g	42.11g	104.31g	155.63g	36.33g	87.13g	124.11g

6. 数据处理与误差分析

第一，经过对数据的分析发现，对同一物理过程的测量数据，有的差别稍大。怎么办呢？是删掉某些自认为不合理的数据，还是尊重事实，全部保留？经过讨论，决定继续多测几组数据，最后取平均值。

第二，如果是匀变速运动，应该有x正比于t^2的关系，轨道一端分别抬高h_n时，小球下滑时间之比t_1：t_2：t_3在理论上应该是1：2：3。然而，由实验测量数据计算得到的数值分别为1：2.3：3.4、1：2.4：3.6和1：2.3：3.4，与理论值略有偏差。经过评估，实验相对误差在10%～20%。

7. 改进建议与实验结论

经过集体讨论后认定，在一定误差范围内，小球沿轨道下滑的运动，近似看作匀变速直线运动，并指出了影响本次实验的两个主要因素，提出了改进意见。

影响因素一：随着容器中水位的下降，底端水柱流出的速度减小，得到的水量与时间不成正比，从而产生误差。改进方法：选用体积更大的盛水容器，即横截面积和高度都较大，流出少量水后，高度变化不明显。

影响因素二：人的反应时间引起的误差。两个人同步操作，一人接水一人释放小球，同时还要观测小球的运动终点，以便停止接水，反应时间对实验数据的采集影响较大。改进方法：选用更长的轨道，增长运动轨迹和运动时间，减小由于反应时间而引起的相对误差。

至此，随着该单元学习任务的完成，为期近两周的实践探究活动告一段落。

四、"重走伽利略探究之路"实践活动的学习价值分析

（一）注重探究活动的单元设计，通过探究活动达成学习进阶

该探究活动是一个系列实践活动，不是学生在活动中单纯地执行老师的预定计划，相反，是同学们探讨、论证、试验、分析和不断改进的过程，是头脑风暴的过程，是克服困难解决问题的过程，具有丰富的生成性。每一次活动的时间不宜过长，但都为下一次活动的进行提出了任务或问题，随着活动的逐次推进，实现了学习进阶。

（二）在探究中学会探究，全面落实学习目标，实现育人价值

新课程理念在倡导学以致用的同时要用以致学，输出过程和输入过程甚至更重要，内化与外化交替进行、紧密结合才会有好的学习效果。通过实践活动，落实了课标的另一个具体要求"认识物理实验与科学推理在物理学研究中的作用"，真正提高了学生在"问题、证据、解释、交流"等方面的科学探究能力。

（三）运用实践活动的挑战性激发学生的进取心和培养质疑创新能力

在实践活动中，挑战性体现在各个方面，随着活动的推进，诸如知识、动手操作、科学思维等各方面的调动水平不断提高，认知过程由"记忆、理解、应用"上升到"分析、评价、创造"。情感态度与价值观方面的素养提升明显，让学生切身体验到历史上的科学家不是超人，他们每取得一点点成就，都需要付出艰辛的努力，没有一蹴而就的成功。

五、结束语

苏霍姆林斯基认为："人的心灵深处都有一种根深蒂固的需要，这就是希望感到自己是一个发现者、研究者、探索者"。因此，在单元教学中，挑战性实践活动的设计和实施是达成深度学习的有效途径之一。

（本案例由深圳市教科院李春来与红岭中学周楠老师提供）

第二节 融合职业生涯教育的地理教学设计

——以"智慧农业助推东北地区农业发展"为例

农业生产作为高中地理学习内容的重要组成部分，在科技迅速发展的今天已有了翻天覆地的变化。智慧农业为农业发展带来了强大的助力，正在迅速改变着传统农业的发展模式，重新诠释了"农民"这一职业名词，更多职业类型的从业者参与到了农业生产中。本文对"人教版必修三区域农业发展——以我国东北地区为例"一课进行地理教学设计，在智慧农业发展的背景下，融合职业生涯教育，学习分析区域农业发展的方法，加强学生对农业区位因素的认识，引导学生重新认识东北地区农业生产的发展现状，在地理教学中渗透职业生涯规划教育，培养学生对我国农业发展的自豪感。

在东北地区农业发展的教学设计中，结合智慧农业和职业生涯教育的内容，学习区域农业发展的分析方法，让学生重新认识中国农业的发展现状，也为学生打开了关于农业方面的职业生涯规划新思路（如图3-2-1所示）。本教学设计以智慧农业背景下的东北地区农业发展为线索，创设东北地区农业生产现状的情境，让学生在角色扮演的基础上进行小组学习，围绕农业发展问题进行探索，为学生提供农业相关职业的体验机会。通过"提出问题—合作探究—展示评价"问题教学的环节，使学生能够主动建构区域农业的分析理论，对职业生涯有更好的自我引导作用。

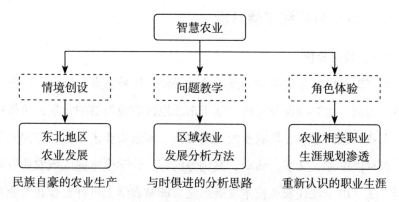

图3-2-1 融合职业生涯教育的地理教学设计思路

一、教学目标和教学重难点

（一）教学目标

1.结合农业区位因素的知识，分析我国东北地区农业生产的地理条件。

2.结合东北地区的自然条件，说明我国东北地区农业生产的布局特点。

3.结合现代农业技术的发展，说明我国东北地区的商品粮基地发展特点。

4.秉承人地协调观的地理核心素养，分析我国东北地区农业发展存在的问题。

5.举出实例说明农业科学技术是如何促进我国东北地区农业可持续发展的。

（二）教学重、难点

1.教学重点：结合智慧农业的职业角色扮演，从农业区位要素分析农业发展的条件和现状；思考东北地区农业发展的问题、未来出现的瓶颈。

2.教学难点：在农业可持续发展的背景下，了解我国农业科学技术的发展，为东北地区农业寻求发展方向。

二、教材分析和学情分析

（一）教材分析

本节教材内容是以人教版高中地理必修三区域农业发展——以我国东北地区为例，用3~4课时完成。基于东北地区农业发展的背景，可概括为说明农业区位因素、分析农业的发展现状、探索农业未来发展方向三个方面。教材以图片、文字、活动、案例等内容，让学生掌握区域农业发展的分析方法。由于现代农业技术发展迅速，课堂教学上可补充智慧农业在东北农业发展中所起的推动作用的相关内容，从而让学生对我国农业发展的现状产生自豪感，也是渗透新兴农业职业类型的重要契机。

（二）学情分析

学生在地理必修二的学习中已经完成农业区位要素学习，掌握农业地域的类型和基本特点，具备了学习本节课所需要的知识基础和认知能力。高二的学生基本具备了一定的信息搜索和信息提取能力，能对教师提供的学习素材和背景资料进行自主学习和问题探究。本节教学内容补充了较多真实情境的材料，需要学生结合生活经验对材料描述的内容进行理解，包括生物基因技术、无人机技术、物流运输、物联技术和人工智能技术等。

三、教学方法

（一）翻转课堂教学模式

利用翻转课堂教学模式贯穿课时教学内容之间的衔接。通过学习任务前置和学习资料包的准备，强调学生课前进行自主学习、问题发现和信息搜索；通过学习成果汇报和互评机制的落实，重视课中师生共同合作探究、解决问题和分享交流。

（二）"决策教学"

利用"决策教学"的方式为学生提供思考的方向。以智慧农业的四个基本过程作为学生进行问题探究的起点，农业生产的问题情境来自于教材，信息资料的收集可以通过学生力所能及的各种途径进行，帮助学生开拓知识视野。

四、课前准备

（一）教学素材准备

1.图片素材：智慧农业生产情景的照片。

2.故事素材：与农业生产相关的职业生涯故事。

（二）学习资料包

1.论文素材：挑选"智慧农业"相关论文约20篇，在中国知网进行论文搜索：篇名"智慧农业"，年份"2018—2019"。挑选主题为与"智慧农业旅游"相关的论文若干。

2.视频素材：《强国工程——食物供应》。

五、教学过程

第一部分：学习情景创设

教学思路设计（如图3-2-2所示）：

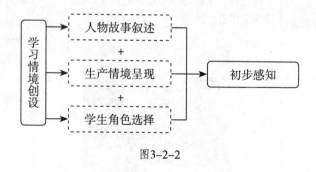

图3-2-2

学习情境创设，如表3-2-1所示：

表3-2-1

教学环节	教师活动	学生活动
讲述人物职业生涯故事	【新课引入】为学生讲述"行是知之始，知为行之成——记智慧农业的开拓实践者朱海洋"的人物生涯故事。（《中国大学生就业》，2019年第1期）	听人物故事，进入学习状态。
学习情景创设，描述智慧农业的生产场景	【初步介绍】为学生描述2019年夏粮收获和夏季农忙时，雷沃谷神收割机、欧豹拖拉机的作业情境；描述劳动力紧缺的东部地区，农业生产的"机器换人"革命；介绍东北地区大规模的无人机植保系统；展示大数据支撑下农业人工智能的发展。	观看智慧农业的生产情境图片，感受智慧农业的高效生产以及对现代农业产生的影响。
小组合作学习，农业相关的职业角色选择	【知识背景】什么是智慧农业？从农业生产整体过程的角度，引导学生思考智慧农业包括哪些方面？ 【角色选择】引导学生在智慧农业的四个主要过程中选择其一作为探究出发点。四个过程分别是：品种选育，生产作业，冷链物流，营销网络。 【知识普及】对智慧农业四个过程的基本工作内容和职业类型进行的展示。 【角色确定】讲述每个过程的具体工作后，引导学生作出选择。 	学生初步了解什么是智慧农业，并从教师提供的四个智慧农业生产过程中，选取自身感兴趣的一个环节，作为本节课探究学习扮演的角色，并从此角色出发思考问题。

续 表

教学环节	教师活动	学生活动
小组合作学习，农业相关的职业角色选择		

【学习任务前置】

自主完成教材"区域农业发展——以我国东北地区为例"一节内容的学习。

根据教师提供的学习资料包，各小组分别完成以下探究题，做好资料收集和成果汇总。

"品种选育"方向：分析东北地区的地理条件，从品种选育的角度举例说明如何发挥其农业生产的优势和改善农业生产的劣势。

"生产作业"方向：结合智慧农业的生产作业模式，举例说明如何提高东北地区农事活动的生产效率，分析东北地区实现大规模专业化生产的途径。

"冷链物流"方向：结合智慧农业的冷链物流特点，举例说明如何提高东北地区商品粮基地的国内辐射面和国际地位。

"营销网络"方向：在互联网环境下，说明智慧农业进一步提高东北地区整体的农业收入水平的途径和方法。

第二部分：区域问题探究

教学思路设计，如图3-2-3所示：

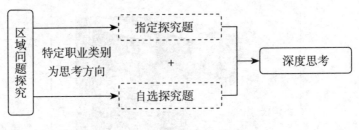

图3-2-3

区域问题探究，如见表3-2-2所示：

表3-2-2

教学环节	教师活动	学生活动
各组展示课前"问题探究"的讨论成果（指定探究题）	【小组汇报】四个小组派代表进行成果汇报。 【点评】教师对学生的汇报情况进行简单地点评。 重点点评以下两部分内容： 1. 进一步说明品种选育、生产作业、冷链物流、营销网络四个环节所需的专业知识。 2. 针对东北地区农业生产的条件、发展现状描述不充分处，进行补充说明。	学生以小组为单位展示问题探究的成果，以幻灯片、图片或视频等素材支撑成果汇报。
深入学习，加强对农业发展的思考（自选探究题）	【问题探究】学生选择以下一个问题进行探讨：在未来若干年中，以特定职业类别为思考出发点，尝试解决下述问题： 东北地区的农业发展对中国粮食安全的重要性。 东北地区的农业发展存在的生态问题。 东北地区智慧农业发展在政策和人才培养方面的实践。	学生根据自己在扮演的职业方向，与同学讨论并建立自己的见解，在140字以内写出自己的想法。
【学习任务前置】 针对问题探究的140字小短文，找到具体案例进行支撑。 自主完成学习资料包中"智慧农业旅游"相关论文的阅读。		

第三部分：职业生涯体验

教学思路设计（如图3-2-4所示）：

图3-2-4

职业生涯体验，如表3-2-3所示：

表3-2-3

教学环节	教师活动	学生活动
针对东北地区农业可持续发展的问题进行探索，加强职业生涯体验	【展示】阅读学生140字的小短文，并展示学生课后收集的支撑案例。 【点评】根据学生小短文的内容，进一步说明东北地区的农业生产特点，引入区域农业可持续发展的问题。 【活动】为了东北地区的农业可持续发展，需要进行智慧农业旅游的发展，从特定的职业类别思考现代技术如何为智慧农业旅游的发展助力。	【头脑风暴】以小组为单位，学生结合课前阅读"智慧农业旅游"的相关论文材料，针对东北地区智慧农业旅游发展提出自己的想法。
观看视频，课堂总结，情感提升	【视频】播放央视《强国工程——食物供应》视频。 【总结】当今世界人口、资源、环境、发展等问题日益突出，未来农业发展必定以科学技术为引领。智慧农业已经渗透在中国农业生产的各个角落，学生对农业相关职业应该有新的认识。	通过视频播放，使学生对中国农业发展现状产生自豪感，培养学生的家国情怀和责任意识，并对农业相关的职业产生新认识。

六、总结

地理学科作为综合性较强的学科，与之相关的职业类型丰富，使课堂教学成为职业生涯教育的重要阵地。在培养学生人地协调观时，积极引导学生形成职业理想；在学生运用综合思维时，指导学生将知识内容与真实情况相结合，并了解相关职业的基础知识；在学生形成区域认知时，提醒学生关注各职业类型在区域发展所起的重要作用；在培养学生地理实践力的研学旅行中，带领学生多观察、多体验、多参观、多学习各行各业生产环境，了解各职业类型的工作内容。让学生在学习时更有目标、更有动力，把所学地理知识学以致用，并在职业发展上有更加明确的方向。

（本案例由红岭中学地理组冯嘉琪老师提供）

第三节　一堂别开生面的高中体育室内理论课

一、案例背景

体育能给学生实现其在身体和人格上的塑造，可以带给人勇气、毅力、自信心、进取心和决心，培养人的社会品质——公正、忠实、自由……这是在清华工作了52年的体育教师马约翰先生对待学校体育教育的想法，放在现今也仍然适用。作为一名一线体育教师，深知体育运动对于一名学生身心健康的重要性，也明了体育教育的本质是人格的教育。但是看着我们经过体育中考、踏入高中校门、进入高中生活的孩子们，他们认为的体育可能是中考体育的30分或50分，是田径场上枯燥的800米、1000米，看着孩子们在锻炼时候懒懒散散的，或者不把体育当回事的样子，可知他们无法理解体育的重要性，老师心里暗暗着急，便萌生了这样一个想法，不如上一堂不一样的体育室内课，让同学们了解体育发展的历史，明白体育对人格的塑造作用，让同学们体会体育运动背后的意义，让孩子们有所思考，有所触动，有所启发。

二、教学目的

新课程新教材明确指出要发挥体育与健康课程对学生核心素养形成的独特作用，以承担其在培养全面发展的人之重任。体育与健康学科核心素养主要包括运动能力、健康行为和体育品德三个方面，其中健康行为是提高健康意识、改善健康状况并逐渐形成健康文明生活方式的关键。而高中阶段对学生进行健康教育可以使其建立全面健康的观念和自我保健的意识。但就我国教育部发布的相关监测结果来看，我国7～22岁的城乡男、女学生的体质健康在继续改善的同时，存在一些不容忽视的问题，如肥胖学生明显增加，眼睛近视率居高不下，体能素质、肺活量水平持续下降。因此，如何帮助高中学生认识到自己对自身健康和生命的权利与责任，而养成良好的生活习惯和行为方式成为了极为迫切的问题。

三、教学过程

（一）教学过程设计思路

1. 创设情境、提出问题、导入新课。

2. 教师讲解古代现代、国内国外5个教学案例。

3. 学生分组讨论分析体育对促进人的身体发展、心理发展及社会发展等方面的重要作用。

4. 学生明确体育锻炼的重要性和紧迫性。

5. 学生结合自身讨论如何进一步提升体育锻炼的效果。

（二）教学内容

1. 没有体育的"教会学校"

教师先进行了提问："同学们，你们说历史上曾经存在过完全没有体育的时期吗？"只见，几乎所有的同学都摇了摇头，纷纷笑称怎么会有这样的时期，理所应当觉得这是不可能发生的。可是这样不可思议的事情真的曾经存在于我们这个世界上，中世纪时期一些教会为了达到统治的目的，反对一切公共竞技集会，不准参加竞技比赛，竞技者和角斗士必须保证永远放弃这种职业才能成为基督徒；拒绝一切有利于健康的体育活动和卫生行为，诱导人们以摧残身体来完美灵魂；而且在学校不设体育课，也没有任何发展体能的活动，学生从事体育活动要遭到严厉的体罚，一切消遣均被禁止。虽然存在时期短暂，但后果却很严重。

不仅造成了体育的衰退，更直接造成人民体能退化、体质的普遍衰弱，更为严重的是因为体质的下降和不卫生的生活习惯助长了传染病的大面积流行，让社会陷入一片黑暗。这让同学们唏嘘不已。如果说这样的时期让大家无法理解，那么完全没有体育所带来的后果，更会让同学们哑然失笑。

2. 斯巴达军事体育

教师再次提问："那历史上有没有存在过完全推崇体育，轻视文化教育的时期？"这个提问，同学们回答得很快，纷纷说出了"斯巴达军事体育"。这个时候，老师介绍斯巴达体育"全民皆兵"，一切活动皆以军事为出发点，不重视文化教育的特点，并详细介绍了斯巴达人从出生到60岁实施的军事体育，老师请同学们讲讲这样做会出现什么样的后果，同学们纷纷发言，提出了光重视体育不重视文化教育会导致脑力、社会发展的衰退，最终会因为社会的衰退而走向灭亡，被先进的国家所取代。确实，最终斯巴达人曾经在奥林匹克祭典上的霸主地位也被雅典体育所取代。

3. 倡导身心和谐发展的雅典体育

教师在讲完这两个极端的案例后，介绍了雅典体育——倡导身心和谐发展，重视知识及身体健康，他们认为体育在教育中占有重要地位，并且和智力教育、道德教育密不可分，这也让雅典成为全希腊体育与教育最发达的城邦——由上面三个案例让同学们明白了，体育和文化教育和谐发展的重要性，更理解了体育对于人的全面发展以及推动社会进步的独特作用。

4. 践行"体育，就是最好的教育"的英国伊顿公学

提到英国的"伊顿公学"，同学们纷纷谈到了这所贵族学校的"骑士精神"，教师由此提问，"同学们，你们了解这所学校的骑士精神是如何培养的吗？"有同学说是课程理念的先进，也有同学说曾看过报道说是这所学校特别重视体育。这时，教师进行了讲解。这所培养过20多位首相的英国顶级中学对体育极度重视，在学校中设有8门必修课和27门选修体育课，独创了伊顿墙球、伊顿野地足球、伊顿五人等团队项目，特别重视团队运动和比赛，学生基本每天有一半的时间都在运动场上，甚至发展出这样一句口号即"运动第一，学习第二"。他们不仅让学生在体育锻炼中强健体魄，更让学生在运动和比赛中学会赢，也要学会输；学会怎样进行团队合作，如何做好团队的一员；学会什么时候去奋争，也学会什么时候去承认失败；能够在努力前行时坚定信念、不懈拼搏；在身处困境时勇敢面对、坚韧不拔；在激烈竞争时遵守规则、诚信公正。可以说，伊顿公学的体育教育真正践行了"体育，就是最好的教育"。

5. 重视体育、崇尚体育的清华大学

教师再次提问，"同学们，你们知道我们国内有哪个大学也特别重视体育吗？"同学不约而同地说道"无体育不清华"。教师详细讲解了马约翰先生52年间怎样践行终身体育的。从清华初始的"每天下午四点半的强迫运动"，到现今的"体育不及格不能毕业""游泳不及格不能毕业"，将清华大学对体育的坚持一步步传承下来。清华体育的口号也从"清华留学生不给中国人丢脸"到"为祖国健康工作五十年"，再到"无体育不清华"，从一代又一代清华人的口号中，同学们看到了清华人对体育精神的不断思考，对体育育人理念的不断探索，更是对体育活动发自肺腑的热爱和实践。

（三）学生感悟

听完老师对这五个小案例的讲解，同学们纷纷发言，感叹以前喜欢体育，仅仅是觉得好玩爱玩，现在开始明白了体育精神、理解了体育背后的意义。其中一个同学说："老师，我是体育的受益者，我之前是个名副

其实的胖子，175厘米的身高，体重却有80公斤，从家走到学校不过几百米就气喘吁吁，爬几层楼就满头大汗，上体育课别人的热身就是我的最大运动量，后来，新冠肺炎疫情期间给了我不一样的转机，上课跟着教师练习，每天坚持打卡，一开始完全靠毅力坚持，经过了最痛苦最难熬的一个多月，我的体重居然减了整整22斤，这曾是我之前根本不敢想的，但事实是我做到了，从那时起，我对体育是真正的热爱，更让我明白没有什么事情是完全不可能的，只要竭尽全力，肯定会有不一样的收获。"听完孩子们的话，我想这堂课的意义也在此了。

四、本课小结

在大家的传统认识里面，通常是这样的：语文使人渊博；音乐使人活泼；美术使人高深；体育使人健壮。但是，体育仅仅只是"健壮"吗？显然不是，体育绝不止于此。我们首先要肯定的是体育在人的身体健康方面不可替代的作用，但是更要了解其在"以体育人"方面的深厚意义。体育不仅仅是强身健体，更是在逆境中的绝不放弃，在低谷中的坚持拼搏，在挫折后的勇于奋起！是为推动社会文明进步和中华民族复兴而奋斗！笔者认为，我们只有让学生真正认识、理解、感悟其作用和价值，才能从根本上促进学生进行体育锻炼，养成良好的运动习惯和健康的行为方式，这也是我们一线教师应该努力挖掘的方向。

（本案例由红岭中学体育组魏晓晓老师提供）

第四节　项目式学习课例

——走进人工智能

本课教学内容节选自粤教版《信息技术（必修一）》第六章《人工智能及其应用》第一节《认识人工智能》。一般教学建议为，学生通过多类型智能工具的体验和使用，归纳总结信息智能处理的常见方式，进而讨论信息智能处理的应用价值。然而，近年来，作为智能工具的上位领域——"人工智能"在智能拓展、深度学习等领域已经取得了突破性的发展，甚至被认为是下一代终端计算平台的基石。所以，笔者认为可以从"人工智能"概念的角度来和学生探讨机器（工具）智能性的问题，也有助于理清相关概念如人工智能、智能工具等之间的关系。与此同时，随着人工智能产品不同程度地逐渐走进人们的现实生活，我们认为项目设计应尽量贴近学生实际生活，充分连接学生已有认知。

本地区为国家科技创新高地，大部分高中学生接触前沿科技的机会较多，且具备一定的信息素养。我们认为，这为本课教学提供了较好的前端基础。但是，这也意味着我们的教学可能需要考虑更多：第一，学生对于新知的需求层次就会更高；第二，作为互联网的"原住民"，大部分学生已经习惯了碎片化获取网络资讯的方式，这也在一定程度上潜移默化地影响了他们的学习方式。这些都是我们在进行项目设计时必须要考虑的。

项目环节设计如表3-4-1所示：

表3-4-1

环节设计	教学活动		设计目的
	教师活动	学生活动	
初识人工智能	1.将2017年第五届中国电子信息博览会（CITE）人工智能馆的新展品和新理念等制作成视频集锦（约3分钟），并结合文字说明和问题提示形成导入材料。 主要提示问题（类型）如下： 该展品或技术的实际应用场景可能是什么？实际应用过程中可能会遇到什么类型的问题？这与你理解的人工智能是否一致？ 2.引导学生思考和回答问题。	观看视频，思考问题，回答问题。	激发学生兴趣；由视觉感官引发对主题的思考。
了解人工智能	1.图灵测试 （1）对比展示图灵测试中经典的"人机对话"和"人人对话"案例； 【提问】你能区分以上两段对话的回答对象是人还是机器吗？ 对话1： 问：你会下国际象棋吗？ 答：是的。 问：你会下国际象棋吗？ 答：是的。 问：请再次回答，你会下国际象棋吗？ 答：是的。 对话2： 问：你会下国际象棋吗？ 答：是的。 问：你会下国际象棋吗？ 答：是的，我不是已经说过了吗？ 问：请再次回答，你会下国际象棋吗？ 答：你烦不烦，干吗老提同样的问题。 （2）扩展介绍"图灵测试"理论上的实施过程和机器"人工智能"的历史由来。	参与测试，对比联想。	引发学生对于"人机差异"和"机器智能性"等问题的思考。

环节设计	教学活动		设计目的
	教师活动	学生活动	
了解人工智能	2."人工智能"在今天 （1）AlphaGo 教师引导学生归纳其智能核心：深度模仿和深度学习； （2）生活中的类似案例 【提问】为什么我们的输入法会越用越顺手？（程序会记录我们的输入习惯，如高频词条、连词规律等）	和老师一起总结归纳。	积极调用学生已有认知。
	3.人工智能的阶段性发展路径 弱人工智能 → 强人智能 → 超人工智能 【讨论】各阶段人工智能的发展特征，引导学生分享不同阶段人工智能的案例。（提示联想影视作品）	阅读材料，分享案例，思考概念。	探析概念的内涵和外延。
	4.解读概念 介绍"人工智能"的学术概念； "人工智能"与"智能工具"的通俗理解	对比思考	加深理解学术与通俗。
分享人工智能	1.情景构建： 请大家在学习平台"课堂分享"模块中分享自己运用智能工具解决问题的经历或经验。例：微信语音输入；网易云音乐的音乐推荐功能等。 2.随机展示并点评学生的分享内容。	根据要求分享个人案例。	建立教学内容与学生已有认知的关联。
操作人工智能	设计任务： 假如我们需要摘取某一海报里面的文字信息分享给自己的朋友，如何快速实现？ 1.提示、归纳学生所提出的各种方案，引导学生以学习小组为单位运用小组平板电脑连接教室投影进行操作演示。 方案一：中长段语音输入；（语音识别） 方案二：OCR文字识别；（文字识别）	根据教师提示提出解决方案并演示。	结合学生分享以"点"推进。

续　表

环节设计	教学活动		设计目的
	教师活动	学生活动	
操作人工智能	方案三：锤子科技文字"大爆炸"；（识别并编辑）…… 2.总结不同方案的特点及应用场合。		
归类人工智能	1.展示"人工智能"行业的统计数据。（数据来源：阿尔法公社） 2.据此，和学生一起归纳"人工智能"的三大核心领域：模式识别领域、自然语言理解领域、机器学习领域。	了解行业现状，熟悉领域分类。	结合学生分享，以"面"拓展。
分析人工智能	1.提出问题 简要描述你刚才所分享的智能工具体现了人工智能的哪个（些）领域？ 该智能工具还有哪些不足？你有哪些建议或想法？（可不考虑技术限制） 2.点评学生观点或想法。	回答问题参与点评。	建立知识"点"与"面"的关联。
课堂小结	1.从终端计算平台和网络平台的发展角度进一步解读人工智能的时代特征和历史定位； 2.回顾教学内容要点。	和老师一起回顾与总结。	总结提升。
反思人工智能	请思考人工智能的快速发展可能会带来哪些问题？可以从信息垄断、数据风险、道德伦理等方向入手，查找相关资料。	课后查找相关资料；分享个人体会。	引发学生对于科技与道德的进一步思考。

　　"人工智能"是时下科技热点，同时也是目前学术有争鸣的领域。为了有效达成教学目标，笔者查阅、整理了大量相关资料，并根据教学需要设计了贴近学生生活实际的项目。在此基础之上，形成以"初识—了解—分享—操作—归类—分析—小结—反思"为主要步骤的项目分解思路，并据此搭设学生认知支架，明晰概念，侧重应用，以点深入，以面归类，点面结合，引发思考。从技术、行业、人类发展等多个角度为学生提供学习探究的视角，希望学生能形成自己的认识和理解，真正走进人工智能。

（本案例由红岭中学信息技术组邹友明老师提供）

第五节　立足学科融合，探绎物理之美

——以高中物理、语文学科融合创新课为例

学科融合，顺应世界教育改革发展趋势，是全面提升学生综合素质的必然要求。高中教育作为基础教育的高级阶段，必然服从于基础教育的普遍规律。基础教育各学科对学生素质、能力的培养，虽然存在分工差异，但也保持了整体的一致性，这就为跨学科融合提供了可能性与必要性。由此，我们选择了高中语文和高中物理学科，先充分找准两个学科在基础教育阶段的定位，探寻两者在核心素养、关键能力与教学目标等方面的融通之处，继而突破学科壁垒，协助学生从更高维度深入把握语文、物理学科。

高中物理、语文的核心素养及其关联性（如图3-5-1所示）。

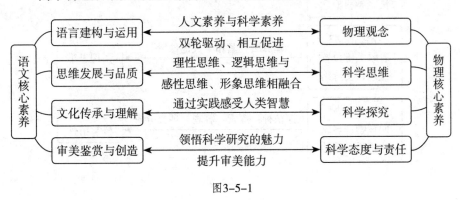

图3-5-1

融合课程的具体设计思路是将物理必修一序言《物理学：研究物质及其运动规律的科学》作为语文信息类文本阅读的材料，通过开展"明词源""找定义""理脉络""探精神"等四个语文学习活动，对接物理学科的溯源能力、概念意识、条理思维、科学精神（如图3-5-2所示）。一是了解词源，学生将明确东西方"物理学"的原始义项，善于溯源，了解起源，理解物理学科本质；二是提炼核心概念，学生可把握到解析信息类文本的"思维细胞"，也品悟到了物理学科的本质属性；三是择取关键位置，学生既能获得梳理信息类文本行文脉络的新抓手，更可全面了解物理学的科学精神、历史进程、发展趋向；四是回顾物理名家，学生自主了解课文插图中六位科学名家的精神品质，有助于培养"文化传承与理解"方面的语文核心素养以及"科学态度与责任"方面的物理核心素养。高中物理、语文融合课教学流程（如图3-5-2所示）。

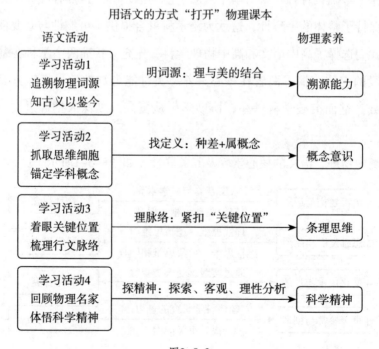

图3-5-2

以一体化的学习目标统领两个学科的核心素养与关键能力，紧扣"规律""问题""阅读"三个方面，借此驱动语文学科"语言建构与运用""思维发展与提升"素养与物理学科"科学探究""科学态度与责任"等核心素养的融合，最终将实现素养融合、能力融合、目标融合。

一、学习目标

1. 阅读《物理学：研究物质及其运动规律的科学》，了解物理学科的基本性质与发展历程。

2. 提炼核心概念，梳理行文脉络，掌握信息类文本的解读方法。

3. 领略物理学科求真务实、崇尚理性、遵循逻辑、追求创新的理论内核。

二、学习重点

把握物理与语文学科之间的联系，实现素养融合、能力融合与目标融合。

三、学习难点

1. 掌握核心概念提取、行文脉络梳理等语文学科解读信息类文本的基本能力。

2. 感知物理学探索、客观与理性分析的科学精神。

四、教学环节

本课由物理教师和语文教师共同执教，授课地点为物理实验室。先由物理教师以趣味物理实验铺垫物理学科氛围，再由语文教师指引学生关注物理教材必修一序言《物理学：研究物质及其运动规律的科学》，促成两个学科的素养融合、能力融合、目标融合。

（一）创设情境，激趣导入

物理教师先演示楞次定律实验和电磁感应实验，学生积极参与，探究兴趣十足。待物理实验完成后，语文教师登场。

课堂引语：感谢老师的精彩实验，其实这不仅是一节物理课，也是一节特殊的语文课。说它特殊，是因为今天我们将用语文的方式"打开"物理课本，研读物理必修一的序言《物理学：研究物质及其运动规律的科学》，既学习语文学科高效解读信息类文本的方法，也要体悟物理学科的理趣与精神。

设计意图：创设情境，激发学生兴趣，了解课程的主要学习目标。

（二）自主研习，梳理探究

学习活动1：追溯"物理"词源，知古义以鉴今

预习验收：课前下发给学生古典文献中包含"物理"一词例句的导学案，请同学们预习探究"物理"的词源义项。

学生分享：引导学生梳理古典文献中的"物理"含义，并完成义项与乱序语料的连线。

导学案例句中"物理"原始义项如表3-5-1所示。

表3-5-1

古典文献中的"物理"释义	例句
人情世故之理	《鹖冠子·王鈇》："庞子曰：愿闻其人情物理。" 《宋书·晋熙王刘昶传》："晋熙太妃谢氏，沉刻无亲，物理罕比。" 《乞去新法之病民伤国者疏》："不幸所委之人，于人情物理，多不通晓，不足以仰副圣志。" 《兔儿山记》："呜呼！此山在禁中，异时虽公卿莫能至，而今则游人羁客皆得以游览徘徊而无所忌，盖物理之循环往复有固然者。"
自然规律之理	《周书·明帝纪》："天地有穷已，五常有推移，人安得常在，是以生而有死者，物理之必然。" 《明道杂志》："升不受斗，不覆即毁，物理之不可移者。" 《樵香小记·马牛其风》："或曰牛走顺风，马走逆风，核诸物理，无此事。"

续 表

古典文献中的"物理"释义	例句
景物情貌之理	《中兴间气集·张南史》："张君奕碁者，中岁感激……稍入诗境。可谓物理俱美，情致兼深。"如：已被秋风教忆鲙，更闻寒雨劝飞觞。

教师小结：其实，中国传统语境中的"物理"有事物道理、景物情理、规律哲理等多个义项，现代科学中的"物理"正是借鉴古典原始义，而对物理学科有了更具科学性的描述。

设计意图：布置探查"物理"一词的词源，可以调动学生搜集网络资料、翻览文献古籍的自主学习能力，从而快速引入课堂主题，并通过对"物理"一词本源的关注，衔接下一环节对课文中物理定义的提取整合。

学习活动2：抓取"思维细胞"，锚定学科概念

教师引导：那么，现代意义的物理学究竟指什么？请同学们结合课文内容，谈谈你对"物理学"下的定义。

探究任务：学生分组，根据序言的第一部分《洞天察地，万物之理》，讨论"何为物理学？"学生合作探究，并在填写表格后交流汇报研究成果：

序言所涉及的物理学定义如表3-5-2所示。

表3-5-2

序号	文本位置	定义概括
1	序言题目	物理学是研究物质及其运动规律的科学
2	小标题	物理学是一门"洞天察地"的学问
3	第3段	物理学是一门分支众多、深刻影响当代科学技术发展乃至人类社会文明进步的基础学科
4	第4段	物理学是关于"万物之理"的学问
5	第5段	物理学是一门实验科学，也是一门崇尚理性、遵循逻辑推理的理论科学

教师引导：感谢同学们的分享，以上定义都言之有据，那么你认为以上哪个定义最能揭示物理学科的本质呢？

学生发言：第（1）（3）（5）句更能揭示学科的本质，第（2）（4）句的"洞天察地""万物之理"虽然也是对物理学科的描述，但缺乏对本身的学理说明，因而不便于读者直接理解。

教师引导：（1）（3）（5）句从不同角度定义了物理学科，那么我们是否能将之整合起来，提出物理学全面准确的定义呢？

学生发言：物理学是一门分支众多、深刻影响当代科学技术发展乃至人类社会文明进步的、崇尚理性、遵循逻辑推理基础的、实验与理论相结合的研究物质及其运动规律的科学。

教师小结：逻辑学认为，概念是"思维的细胞"，是逻辑的起点，同学们在处理信息类文本时，一定要学会提取核心概念，并把分散的关键词句整合起来，定义核心概念，这样我们才有一个科学的逻辑起点。同样地，我们在进行物理学科的逻辑思考时，如果能对"物理"本身的含义有一个追本溯源、全面准确的理解，在学习中或许能有居高临下、高屋建瓴的效果。

设计意图：以上教学环节通过引导学生抓取文本核心概念，引导学生巩固处理"信息类文本"的下定义能力，同时以定义为抓手，协助学生锚定物理学科的基本性质，深化对物理学科本质的理解。

学习活动3：着眼"关键位置"，梳理行文脉络

教师引导：同学们，我们已经明确了物理学科的概念，以核心概念为基点，拆解实用类文本信息点，是语文阅读中常见的方法，下面请同学们借此梳理课文的行文脉络，所概括的每个行文环节都必须出现"物理"一词。

学生发言：课文首先概述了物理学的基本情况，再揭示了物理学的研究特点，继而发掘了物理学的科学精神，最后回顾了物理学的历史应用，展望了物理学的未来发展。

教师引导：这个答案条理清晰，反应迅速，请同学们进一步思考，其实《序言》的哪些位置最能为我们揭示行文脉络呢？

学生回答：小标题。

教师小结：同学们说得有理，其实不仅是小标题，信息类文本的每段第一句、每段最后一句、转折句都有可能是反映行文脉络的核心句，我们应该根据具体情况来分析。如对较长的信息类文本而言，关注小标题，可以得知文本的意义板块；在意义板块内部，关注每段的首句或尾句，可以起到提纲挈领的作用；对一则更为复杂的文本，我们则需要厘清结构层次，这就得把握好转折句、总结句。

学习活动4：回顾物理名家，体悟科学精神

（教师课前下发的导学案已布置学生合作搜集课文例图中物理名家的生平与成就。）

教师引导：刚刚同学们已经通过关键词句，找到了物理学的内涵是"探索精神""客观精神""理性分析精神"，下面请同学们结合课前搜集的资料，合作探究这些物理名家是如何分别体现探索精神、客观精神、理性分析精神的，并在导学案表格中填入相对应的事迹与成就。

学生交流，小组分享发言。

学生发言：普朗克研究能量量子化、爱因斯坦提出相对论的探索精神、杨振宁思索"宇称不守恒"的理性分析精神，居里夫人研究新元素的客观精神，无一不体现物理学的本真之美。

教师小结：愿同学们在今后的学习研究中也要时刻秉持物理学的三大精神，在工作生活中不忘追求创新、敢于创新、善于创新，不愧先贤，勇攀高峰。

设计意图：通过学生自主研究物理名家的精神品质，不仅提升了搜集信息的自学能力，同时优化了解读信息的条理思维，并可深度体悟物理学的真谛。

（三）课堂总结，融通素养

教师结语：《物理学：研究物质及其运动规律的科学》是高中统编物理教材必修一的序言，就如同一扇大门向我们打开——门前的我们是刚入高中的求学者，门后则是富丽恢宏的物理学殿堂。希望同学们在今后的学习中进一步探绎物理的科学创新精神，体悟语文的行文思维之美，实现物理、语文核心素养的相辅相成、彼此促进。

五、教学总结反思

本次学科融合的创新尝试，旨在指导学生深度开掘物理教材资源，既巩固了语文学科要求的提炼核心概念、梳理行文脉络等信息类文本阅读的关键能力，同时也体悟了物理学科的理趣与精神，实现学科核心素养的交融。教学过程或许仍有肤浅、偏颇之弊，但绝无因循之讥。我们鄙弃庸俗的完美，而不惮有缺陷的创新，以此挖掘高中学科教学的潜在可能性，从教与学两个层面释放教学产能，助力课程教法改革。

回顾授课活动本身，教师须始终联系语文与物理的核心素养，切忌偏执一端，而应允执其中，兼顾两大学科间的内在联系，协助学生提升贯通文理学科的感受能力，并从更宏阔的视角把握语文、物理的学习旨趣，实现语文与物理的素养融合、能力融合、目标融合。我们还应反思的是，是否可以由表及里、由浅入深，推敲出一种更具综合性、更加深层次、更为体系化的学科融合方式，而不仅是学科间素材和知识的初步碰撞，而这正是我们进一步探索的教研方向。

（本案例由人大附中深圳学校王鑫淼、周驰昊老师提供）

第六节　当点线面遇上世界名画

——软陶创意课程

艺术家们的画作，总能给我们带来无限的灵感与思考，成为我们创造有趣事物的灵感缪斯（如图3-6-1所示）。

图3-6-1

《当点线面遇上世界名画》是红岭中学高中部"'陶'思妙想"软陶特色系列课程之一。本课通过"向大师致敬"主题开展项目式学习，运用软陶艺术创作的形式，培养学生自主探究合作的学习方式以及收集、处理资料的能力，并在这一过程中感受世界名画独特的绘画形式与色彩魅力，体会艺术的个性化，学会表达自己的情感和对生活的理解。

一、点

点是一切形态的基础，当形态在画面整体中被视为极小面积时，此形态被确定为点。点的形态千变万化，点的组合适于表现节奏感和紧缩感（如图3-6-2所示）。

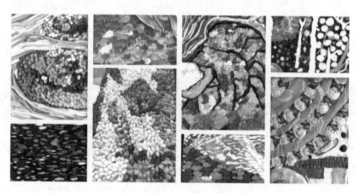

图3-6-2

二、线条

线条是我们表达想法所运用的最简单、最直接的形式，当一个形态具有细而长的视觉感时被称为线。直线型和曲线型适于表现动感和速度感（如图3-6-3所示）。

图3-6-3

三、面

面是点在面积上的扩大，是无数点在量上的聚集，是线在宽度上的不断增加，是线的运动轨迹。面的边界线是决定面的形态特征的关键，我们通常把这些边界线称为轮廓线。面，适于表现量感和扩张感（如图3-6-4所示）。

图3-6-4

学生软陶作品欣赏（如图3-6-5所示）：

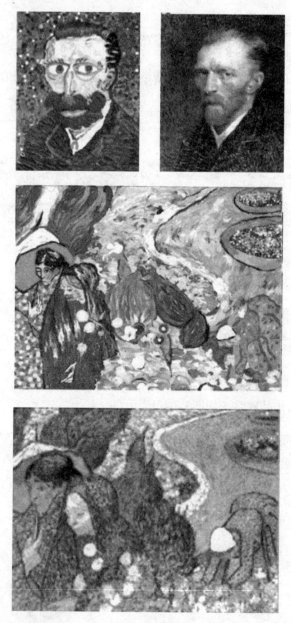

图3-6-5

（本案例由深圳市红岭中学美术组于晓慧老师提供）

第 四 章

国家课程活动化实施

第一节 "可见"的光

一、背景简介

"CT"是"计算机辅助X射线断层摄影"的简称，根据影像学特征协助医生作出诊断，可以极大地提高对相关诊断的准确性。X射线以不同角度照射人体，计算机对其投影进行分析，给出类似于生理切片一样的人体组织照片。医生可以从中看出是否发生了病变。X射线涉及光学的知识，本案例是以CT技术协助诊断为背景，通过学生自主学习、探究、体验、实践等学习方式，让学生能够快速理解光学知识的一门以人文引领的"A-STEM"项目式学习案例。

二、学习目标

形成正确的世界观、人生观和价值观。热爱科学，尊重自然，保护环境，具有生态文明意识。树立为人民幸福、为社会进步作贡献的远大志向。

丰富人文积淀，发展理性思维，不断提升人文素养和科学素养。敢于批评质疑，探索解决问题，勤于动手，善于反思，具有一定的创新精神和实践能力。

具有强烈的好奇心、积极的学习态度和浓厚的学习兴趣。能够自主学习，独立思考，形成良好的学习习惯和适合自身的学习方法。学会获取、判断和处理信息，具备信息化时代的学习与发展能力。

具有发现、鉴赏和创造美的能力，具有健康的审美情趣。文明礼貌，诚信友善，尊重他人，与人和睦相处。学会交流与合作，具有团队精神和一定的组织活动能力。

三、项目适用年级

高中一年级。

四、项目内容及课时规划

任务一："CT"是什么（2课时）

任务二：光与颜色（3课时）

任务三：反射与镜面（3课时）

任务四：折射与透镜（3课时）

任务五：干涉与衍射（6课时）

任务六：光的应用（4课时）

任务七：电影的魔力（2课时）

五、评价方式

本项目式学习主要采用表现性评价和过程性评价的方式对学生进行评价，并且每个任务包括了具体的活动前评价、活动期间的评价和活动后评价。

六、项目实施过程

这里展示两个学习任务（任务二和任务七）的教学设计和实施过程情况。

任务二：光与颜色

（一）学习目标

这次任务的内容包括物体的颜色、颜色的混合、快乐喷画。通过实验对比，知道物体会呈现出不同颜色的原因；通过自主探究，知道光的三原色，理解光是如何混合的；通过自主实践，混合颜料，明白颜料的混合色与光的混合色是不同的。

"光与颜色"学习任务现场（如图4-1-1所示）。

图4-1-1

（二）需要准备的器材

玻璃杯、白开水、橙汁、牛奶、小盒子、手指灯、纸板、水彩笔、喷笔、木质模板、纸质模板。

（三）任务实施过程

1. 物体的颜色

先让学生们完成《“可见”的光》项目式学习报告单中的“我需要的材料”“我是这样设计和完成任务的”等栏目，再让学生根据实验设计准备好实验材料、进行实验。

学生们探究前完成的学习报告单部分（如图4-1-2所示）。

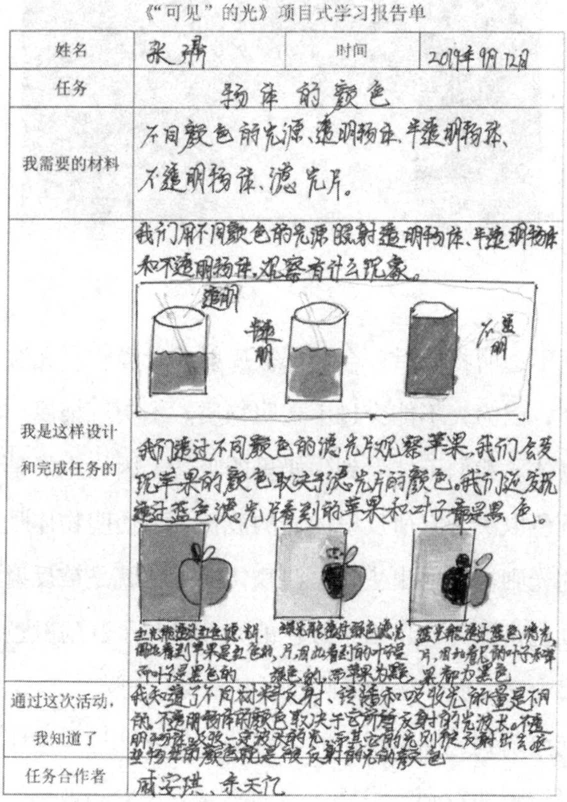

《“可见”的光》项目式学习报告单

姓名	张瑞	时间	2019年9月12日
任务	物体的颜色		
我需要的材料	不同颜色的光源、透明物体、半透明物体、不透明物体、滤光片。		
我是这样设计和完成任务的	我们用不同颜色的光源照射透明物体、半透明物体和不透明物体，观察有什么现象。 我们透过不同颜色的滤光片观察苹果，我们会受现苹果的颜色取决于滤光片的颜色。我们还发现透过蓝色滤光片看到的苹果和叶子都是黑色。		
通过这次活动，我知道了	我知道了不同材料反射、透播和吸收光的量是不同的。不透明物体的颜色取决于它所能反射的光波长。不透明物体吸收一定波长的光，而其它的光则被反射去，不透明物体的颜色就是被反射的光的颜色		
任务合作者	戚安琪、余天亿		

图4-1-2

学生们用不同颜色的光源照射透明物体、半透明物体和不透明物体，将观察到的现象记录在研究报告单上。

透明、半透明和不透明的物体（如图4-1-3所示）。

图4-1-3

光透射到不透明物质后，会全部被反射或者吸收。无法看到不透明物质后面的物体，因为光不能穿过不透明物质。木头、金属、紧密的编织品都是不透明物体。我们不能看到牛奶里的吸管，因为牛奶是不透明的。不透明物体的颜色取决于它所反射的光的波长。不透明物体吸收一定波长的光，而其他的光则被反射出去。这些物体的颜色就是被反射的光的颜色。苹果呈现出红色是因为它反射了红色的光而吸收了其他颜色的光。叶子呈现出绿色是因为它反射了绿光而吸收了其他颜色的光。

大部分光照射到透明物质上时会穿透它。光穿透过透明物质时没有被散射开，可以清晰地看到它另外一面的物体。干净的玻璃、水和空气都是透明物质。我们能够通过玻璃杯清晰地看见其中的吸管。

光透射到半透明物质上时，会发生光的散射。通常，能看到半透明物质后有一些物体，但很难看清这些物体的细节。蜡纸、中间结了霜的玻璃、橙汁都是半透明物质。

透明和半透明物体仅允许一部分颜色的光透过，而会反射或吸收其他颜色的光。透明和半透明物体的颜色就是透过它们的光的颜色。例如，当白光透射到粉红色玻璃上时，玻璃呈现粉红色，就是因为它只允许粉红色光透过。

2. 颜色的混合

先让学生们完成《"可见"的光》项目式学习报告单中的"我需要的材料""我是这样设计和完成任务的"等栏目，再让学生根据实验设计准备好实验材料，进行实验。

学生们探究前完成的学习报告单部分（如图4-1-4所示）。

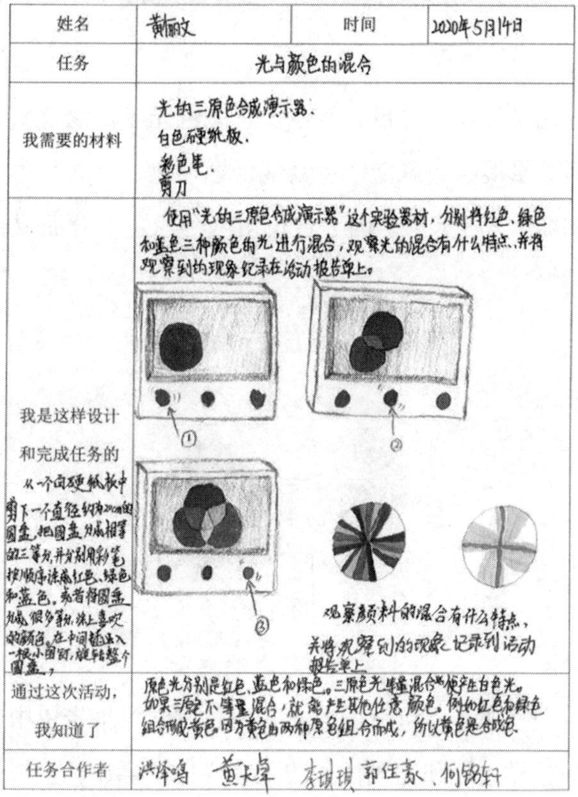

图4-1-4

学生们从一个白色硬纸板中剪下一个直径约为20厘米的圆盘，把圆盘进行三等分，并分别用彩笔按顺序涂成红色、绿色和蓝色。或者将圆盘分成很多等分，涂上喜欢的颜色。在中间插入一根小图钉，旋转整个圆盘，观察到颜色混合了（如图4-1-5所示）。

图4-1-5

原色光分别是红色、绿色和蓝色。三原色光等量混合便产生白色光。如果三原色不等量混合，就能产生其他任意颜色，例如红色和绿色组合形成黄色（如图4-1-6所示）。因为黄色由两种原色组合而成，所以黄色是合成色。

图4-1-6

3. 快乐喷画

先让学生们完成《"可见"的光》项目式学习报告单中的"我需要的材料""我是这样设计和完成任务的"等栏目，再让学生根据实验设计准备好实验材料，进行实验。

学生们探究前完成的学习报告单部分（如图4-1-7所示）。

《"可见"的光》项目式学习报告单

姓名	黄燕琼	时间	2019年9月19日
任务	快乐喷画		
我需要的材料	水彩笔、喷笔、木质模板、纸质模板。		
我是这样设计和完成任务的	将喷头和水彩笔笔帽分别拔下，把水彩笔插入喷笔笔筒中，最后装上喷笔帽，用力卡紧。握住喷笔头，轻轻按压，水彩笔就可以喷射彩色的颜料了。 我们把小模块放在卡片纸上，在图案边缘进行喷画，这样的模板喷出来的图案是没有着色的，镂空的模板喷出来的图案是有色的。 我们还自己创作模板来制作喷画。		
通过这次活动，我知道了	我们知道了涂鸦是一种艺术手段，起源于20世纪60年代的美国，制作者们把自己的绰号和门牌号码涂在墙面等介质上。后来，涂鸦逐渐演变成一种艺术形式先遍了世界各地。		
任务合作者	李丽珊、李贺、罗宏涛、张静妹		

图4-1-7

学生们将喷头和水彩笔笔帽分别拔下，把水彩笔插入喷笔笔筒中，最后装上喷笔帽，用力卡紧。握住喷笔头，轻轻按压，水彩笔就可以喷出彩色的颜料了（如图4-1-8所示）。

图4-1-8

  颜料的混合色与光的混合色是不同的。当几种颜料混合在一起时，大多数颜色的光被吸收，而只有少数颜色的光被反射（如图4-1-9所示）。混合的颜料越多，混合物看上去越黑。

图4-1-9

  颜料的三原色是青、黄和品红。如果三原色等量混合，就会得到黑色（如图4-1-10所示）。用不同数量的颜料混合，就能产生任意颜色。

图4-1-10

（四）任务评价方式

1. 学习前评价

询问学生并在班里进行讨论：你知道光是如何与其他物质发生作用的吗？你知道为什么我们能够看到缤纷的世界吗？你知道颜色是怎样混合的吗？

2. 学习期间的评价

学生们在完成"颜色的混合"实验后，老师将其作为课堂讨论情节中的讨论话题，让学生们讨论颜色是如何混合的。教师使用评价量规，对学生的学习过程进行评价。评价量规如表4-1-1所示。

表4-1-1

"光与颜色"学习任务评价量规			
项目	1分	2分	3分
材料使用	超额使用了材料	没有使用完所给的材料	刚好使用完所给的材料
设计图	设计图不合格	有基本的结构设计	设计图完整，建造步骤合理，标注清晰，事先进行了使用材料预估
实验效果	实验现象不太明显	实验现象比较明显	实验现象明显

续 表

"光与颜色"学习任务评价量规			
项目	1分	2分	3分
团队分工合作	团队成员无分工合作	团队成员有简单的分工合作	团队成员有清晰的分工，如设计师、建造工程师、监理和材料员等，合作顺畅
讲解和展示	由一到两人完成讲解和展示，内容讲解不完整，存在讲述不清晰的地方	团队进行讲解，讲解比较简单，没有反思或介绍步骤	团队进行讲解，思路清晰，步骤描述清楚，有反思

3.学习后评价

学生们根据本次学习，完成学习报告单，写一篇科技小论文。如果可以，根据这节课所学的知识，制作相关的作品。

任务七：电影的魔力

（一）学习目标

这次任务的内容包括视觉暂留、费纳奇镜。通过"视觉暂留"小实验，知道人类眼前的物体突然消失后，还能短暂地"看到"这个物体；通过制作"费纳奇镜"知道什么是"似动效应"；通过查阅资料，理解电影的发展史以及科学技术在人类历史上的贡献。形成正确的世界观、人生观和价值观。热爱科学，树立为人民幸福、为社会进步做贡献的远大志向。

"电影的魔力"学习任务现场（如图4-1-11所示）。

图4-1-11

（二）需要准备的器材

手指灯、手机、卡片、彩笔、马达、木箱、电线、白乳胶、剪刀、切割刀等。

（三）任务实施过程

1. 视觉暂留

先让学生们完成《"可见"的光》项目式学习报告单中的"我需要的材料""我是这样设计和完成任务的"等栏目，再让学生根据实验设计准备好实验材料，进行实验。

学生们探究前完成的学习报告单部分（如图4-1-12所示）。

《"可见"的光》综合实践活动学习报告单

姓名	凯宇	时间	2020年6月9日
任务	视觉暂留		
我需要的材料	手指灯，手机		
我是这样设计和完成任务的			
通过这次活动，我知道了			
任务合作者			

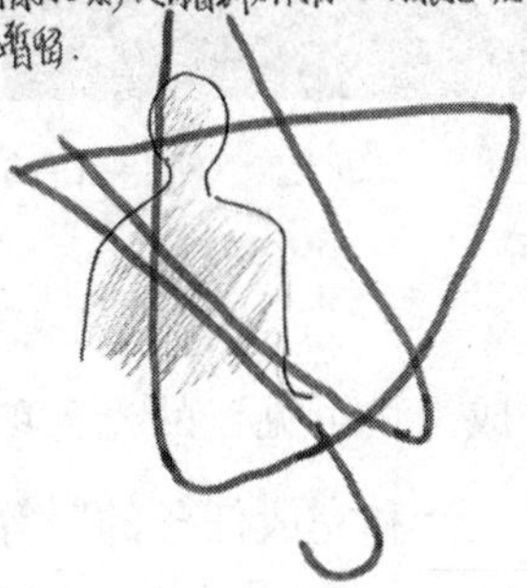

图4-1-12

学生们使用手指灯和手机做了"视觉暂留"的实验。我们在黑暗中快速挥动手指灯，就能看到一条长长的光线；快速挥动自己的手，能看到模糊的拖影；还有当我们看到太阳的光时会眼花，这些现象都是因为视觉暂留。原来我们眼前的物体突然消失后，还能短暂地"看到"这个物体，这个停留时间非常短，通常只有0.1秒到0.4秒。

胶片电影放映机的实质，是胶片在放映机上运行，每格画面到达定位时，快门均匀地打开、关闭，每格画面在光源透射下通过放映镜头将影像清晰地投射到荧幕上。由于人眼的视觉暂留作用，会让人注意不到快门关闭的瞬间，因此看到了连续的影像。

"视觉暂留"实验（如图4-1-13所示）。

图4-1-13

2. 费纳奇镜

先让学生们完成《"可见"的光》项目式学习报告单中的"我需要的材料""我是这样设计和完成任务的"等栏目，再让学生根据实验设计准备好实验材料进行实验。

学生们探究前完成的学习报告单部分（如图4-1-14所示）。

《"可见"的光》综合实践活动学习报告单

姓名	张炜佗	时间	2020年6月29日
任务	费纳奇镜		
我需要的材料	纸片、笔、圆形转盘。		
我是这样设计和完成任务的	我们完成了"似动效应"的实验，两张静止的图片，当我们快速翻动时，就能看到它们动起来，这是因为两张图片的内容比较接近，大脑误以为后一张图的内容是由前一张图变化来的，是种把静止的画面"脑补"成运动画面的幻觉叫"似动效应"。 我们制作了3个费纳奇镜，在一张卡纸上等间距的剪掉一些小缝隙，每一个小卡片上画一个很类似的图，因为每个图像都相差比较小，所以当它快速转动时，因为似动效应，看起来就变成了连贯的动画。 		
通过这次活动，我知道了	1832年，比利时人约瑟夫·普拉陶和奥地利人西蒙·冯·斯坦普费尔，发明了可播放连续动画的费纳奇镜，它借助一个旋转盘，来转动一系列放在转盘上的连续静止图片，它就是早期无声电影的雏形。		
任务合作者	张昊宇、张嘉鑫、朱俊州、袁富。		

图4-1-14

学生们先完成"似动效应"的实验。两张静止的图片，当快速翻动时，就能看到它们动起来，这是因为两张图片的内容比较接近，大脑误以为后一张图的内容是由前一张图变化来的，这种把静止的画面"脑补"成运动画面的幻觉叫"似动效应"。

接着学生们制作"费纳奇镜"，在一张卡纸上等间距地剪掉一些小缝隙，每一个小卡片上画一个很类似的图，因为每一个图像都相差比较小，所以当它快速转动起来的时候，因为似动效应，看起来就变成了连贯的动画。

学生们制作的"费纳奇镜"（如图4-1-15所示）。

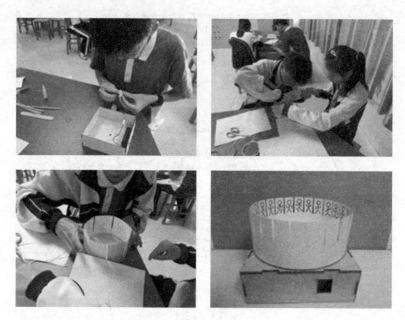

图4-1-15

胶片电影也一样，每1秒拍24张照片，每张照片只有一点微小的变化。以每秒24张的速度播放，我们就会看到动起来的画面。

（四）任务评价方式

1. 学习前评价

询问学生并在班里进行讨论：你知道电影是如何创造出来的吗？你知道静止的图片是如何变成活动的电影的吗？你听说过"视觉暂留"和"似动效应"吗？你能制作一个"费纳奇镜"吗？

2. 学习期间的评价

学生们在完成"视觉暂留"和"费纳奇镜"实验后，作为课堂讨论情节，让学生们讨论电影成像的原理。

教师使用评价量规，对学生的学习过程进行评价。评价量规如表4-1-2所示。

表4-1-2

"电影的魔力"学习任务评价量规			
项目	1分	2分	3分
材料使用	材料不够，不能完成实验	材料有浪费	能够合理使用材料
实验方法	实验方法不合理	实验方法比较合理	实验方法合理
实验效果	实验现象不太明显	实验现象比较明显	实验现象明显
团队分工合作	团队成员无分工合作	团队成员有简单的分工合作	团队成员有清晰的分工，如设计师、建造工程师、监理和材料员等，合作顺畅
讲解和展示	由一到两人完成讲解和展示，讲解不完整，存在讲述不清晰的地方	团队进行讲解，讲解比较简单，没有反思或介绍步骤	团队进行讲解，思路清晰，步骤描述清楚，有反思

3. 学习后评价

学生们根据本次学习，完成学习报告单，写一篇科技小论文。如果可以，根据这节课所学的知识，制作相关的作品。

（本案例由深圳市龙岗区平湖外国语学校邓淑坤老师提供）

第二节 "形色"APP在地理课外活动中的实践探索

本文叙述的实践探索是建立在校本课程实施上的，针对地理学科核心素养中地理实践力培养的要求，进行"打开触觉学会观察"的校本课程学习，带领学生在美丽的校园里学会观察的方法，带着所学的知识应用到真实的自然环境观察中。

自然学家总是带着一双刨根问底的眼睛去游荡。他们时而伫立不动，时而凝眸思考，时而又会注意起草原上的一株盛开的白头翁。这是一个古老的传统，老到可以追溯到亚里士多德时期，甚至更早：人类从那时起就开始观察、识别地球上成千上万的生命轮廓，并发觉彼此间的关联了。

大自然不是只存在于电视录像或者《中国国家地理》杂志里，让学生感到遥不可及。美丽的学校位于城市的中心北侧的安托山上，尝试和学生一起仔细观察日常生活、学习的环境，学习如何记录自己的感受，让学生每时每刻都可以感受到自己与周遭世界的关联。

校本课程实施的初期，教师从多个角度启发学生，学生提出了关于校园植物的各种问题，比如：学校在安托山上建成之前，这个地方原本应该有什么植物呢？校园建设的过程中，是否保留了一两棵原本就属于这个地方的植物呢？校园现在的一草一木都是一些什么品种呢？学校种植的植物品种是否符合这个地方的地形和气候呢？我们是否能够为校园的一草一木撰写属于它们的名片呢？我们在校园看到的植物，在深圳的其他什么地方也会有呢？

学生提出的系列问题给予了教师不少的启发，同时也为教师带来了一个难题：作为一名地理教师，应该如何为学生提供科学的指导意见呢？学生"脑洞大开"，授课教师在AI技术不断发展的背景下，找到了辅导学生的"新利器"——形色APP。

一、拍照识花——基于AI技术的"形色APP"

本次校本课程的开展有良好的基础设施环境，校园内的每一个角落都覆盖了WIFI网络信号，为学生活动提供了装有安卓系统的平板电脑，使本次校本课程的实践活动部分能更好地进行开展。在移动终端的支持下，使用软件辅助学习有了可能，形色APP让"打开触觉学会观察"的校本课程的开展更加顺利。

曾经，学生辨识植物都需要经过图册比对，在形色APP的辅助下，学生只需要利用移动终端对植物的主题进行拍照，即可基本确认植物种类。拍照识花的技术主要应用了AI技术，由系统将图片中的植物与图库进行比对，智能筛选出三种不同的但是相似的植物以供参考，通过拍照者确定以后，获取该种植物的详细资料。

校本课程实践过程中主要应用了"拍花识别""足迹"和"植物地图"等三个功能，并分别在不同的学习阶段中各有侧重点。以下是部分功能的主要使用意图：

首先，"拍花识别"功能可以帮助学生快速地查询植物的种类，系统智能识别后从图库中选择出相似的照片，呈现出植物的习性和与之有关的文化，再通过学生自身的观察、对植物细节的把握，最终确定植物种类或提出问题（如图4-2-1所示）。

图4-2-1

其次，"足迹"功能能够使学生的学习过程被记录下来，服务于校本课程的表现性评价，学生每一次的拍照识花过程将被记录，识花记录还可经过选择以后合并为识花的足迹，在课外的生态之旅中，也可以记录自己的识花足迹，便于返回时进行实践活动素材整理（如图4-2-2所示）。

图4-2-2

最后，"植物地图"功能可以让同学之间的学习足迹得以分享，也帮助了学生在课外学习的时候确定识花的目标。

校本课程开设之初，教师即需要明确每个阶段的重点任务，地理学科的校本课程也需要具备培养学生学科核心素养的功能，因此校本课程的实施过程不仅仅强调学生对知识的把握，更加强调学生是否能够从人地协调的观念出发，利用综合的思维对区域的某个事物进行分析，在学习的过程中不断提升自身的地理实践能力。在"打开触觉学会观察"的校本课程中，主要针对植物及其相关情况进行探索和学习。学生在考察、调查等实践活动中，不断提高信息搜寻能力、观察力和行动能力。

在形色APP软件的辅助下，让学生活动从课室空间走向校园户外，从校园户外走到自然生态，让学生思维从课内知识扩展到课外知识，从传统思维延伸到批判性的、创造性的思维。

二、第一步——游走校园，开启自然之旅

"身在这个世纪，我们不要奔忙。让我们驻足停下，关上那扇世俗的门，静静地坐在青青绿草上，回归自然的怀抱吧；放飞双眸，仰望一支柳条，低看一丛灌木，凝望一缕浮云，或者呆呆地注视一片叶子。"

课程实施的初期，教师在了解学生特长、爱好以后，利用"同组异质"的方法对学生进行了分组，并对课程的不同阶段的任务进行了说明。随即开启了游走校园的活动，打开视觉、触觉、嗅觉重新观察我们已经非常熟悉的校园，看是否遗漏了一些有趣的自然现象。走出课室的时候，每个学习小组都有一台移动终端，一本具有"极简主义"色彩的本子和若干支彩色笔。学习小组的观察行动可以集体进行，也可以让学生独自进行。

（一）户外活动信息收集和主题探索

1. "极简主义"本子的随意记录

学生需要准备一个全新的、让人爱不释手的本子，这个本子里面没有任何条框，只有白纸一叠，学生可以随意不受任何约束地记录观察到的内容。例如：可以描述天气的状况，记录叶片的形状，文字描述有趣的事情。

2. "形色APP" 的植物辨别

移动终端在覆盖了Wi-Fi的校园里可以起到强大的信息搜索功能，学生可以随时通过拍照、录像记录观察到的有趣现象，作为后期分析的重要素材。另一方面，学生可以利用"形色APP"初步探索校园内现有的植物种类及数量，对照APP中提出的植物习性，观察植物叶片、花朵是否与周边的环境有一定关联。

3. 户外活动主题案例

活动一：凝视叶子

走在公园里，我们随处可以见到落叶，片片躺在地上的叶子，也可以成为我们学习捕获自然事物基本形状的素材（如图4-2-3所示）。请在校园内拾捡不同形状、颜色、大小的落叶，认真凝视落叶的特征，"形色APP"拍照识别后，把叶子夹入记录本中。回到课室后，通过记忆，每个学习小组派一人上黑板把叶子的形状绘画出来，展示捡取的落叶，并与他人分享。

图4-2-3

活动二：寻找季节的痕迹

深圳的四季并不明显，冬夏的温度相差并不大，不少时候还被戏称"一年四季轮流上演"。在校园内对植物进行观察，考虑过植物开花时间、叶子的多少、叶子的形状、植物中的昆虫种类和数量、泥土的质地等，是否都隐藏着季节的痕迹？

（二）室内整理校园植物地图初稿

教师提供全开白色纸张，学习小组通过整理在校园内收集的落叶、记录在本子上的信息、APP中的识花足迹，以小组内擅长的方式绘制出校园植物地图的初稿。该整理阶段，学生需要进一步解决自己的疑惑，通过搜寻信息、访谈老师等不同的方法，让校园植物地图中植物种类的准确率达到最高。

三、第二步——手作名片，创意自然空间

教师在本学习阶段需要引导学生对已掌握的信息提出问题，并运用多种途径对质疑的内容进行辩证探索，以严谨的科学态度来对待本阶段的学习任务。在探索过后，需要学生通过做手工植物名片，对自己的学习成果进行可视化展现。

（一）创建课内小组展示平台

每个小组均需要利用同屏投影技术展示自己的"形色APP"中的识花轨迹，简单描述在识花过程中遇到的问题，通过拍照的方法展示小组的记录本中主要的内容，最后展示出校园植物地图的初稿，并提出自己的两个疑惑。

通过展示的环节，教师可以充分掌握学生的学习情况，了解学生的识花数量，实践活动过程中是否有较高的效率，也让学生有了一个被肯定的机会，将会进一步激发学生的好奇心和求知欲。

（二）寻求帮助回答"疑惑"

小组之间可以通过相互讨论，寻求生物老师帮助，翻阅《中国植物志》等书籍，利用"形色APP"中的专家鉴定功能，或者通过对细节比对文章的撰写等方法，回答自己小组质疑的其中一个问题，并在课内与大家分享小组成员寻求答案的经历（如图4-2-4所示）。

图4-2-4

（三）自然笔记也可以是精品植物名片

教师结合学生提出的质疑，为每个小组选取校园内三种常见的植物，并布置以自然笔记的形式，进行手工制作植物名片的任务。学生领取任务以后，需要找到校园内植物所在的位置，并对植物种类进行确认和定位，讨论选取的自然笔记形式。自然笔记形式多样，如：绘画、实物标本、拓印和镜像画等，学生可以选取自己感兴趣或擅长的方式，为校园内的植物制作名片（如图4-2-5所示）。

图4-2-5

四、第三步——生态之旅，体验自然之美

校本课程最后一个环节为设计生态之旅的路线，让学生可以在课外自主选择体验自然之美。因此，"打开触觉学会观察"的校本课程主要针对植物进行考察，通过"形色APP"的植物地图引导，学生可以选取其中一种植物，对它的区域分布进行考察，在考查过程中加入"不可分解垃圾的回收"。

教师在引导学生进行线路设计的过程中，应该提出以下重点：

第一，粗略掌握目标植物在区域内的基本分布状况；

第二，尝试推测目标植物在区域内与其他地理要素的联系；

第三，尝试推测目标植物在人类生产生活中的更多作用；

第四，明确考察线路中若干个重要考察点，并说明其重要作用；

第五，尝试推测目标植物在区域内的生态作用。

在明确注意事项以后，学生设计的生态之旅路线应该包括：路线图、旅程基本资料、旅程问题和延伸思考四个部分。以下为"蕉坑——真正的自然教室"生态之旅路线设计案例：

（一）路线图

学习小组经过商讨以后，进行路线的设计，可以使用手绘地图，或者是在APP中的"植物地图"上加标注进行路线设计（如图4-2-6所示）。

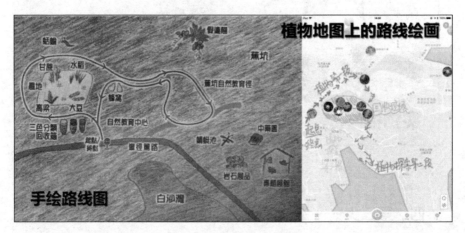

图4-2-6

（二）生态路线基本资料

为旅程做好充分的准备，学生需要对考察的区域进行比较详细的了解，通过研究地图、搜寻资料从而确定旅程具体的实施过程。设计旅程资料卡包括以下内容：考察区域的位置、行程时间和路程大小，本次考察的主题，前往考察区域的乘车方法，到达考察区域后主要经过的地方，以及标注区域从生态、文化、风景等方面的考察价值。

在出发之前，需要设计好考察中组员需要研究的基本问题，针对考察的目标植物，重点考察区域的土壤质地、鸟类和昆虫、目标植物周边的物种数量和种类等（如图4-2-7所示）。

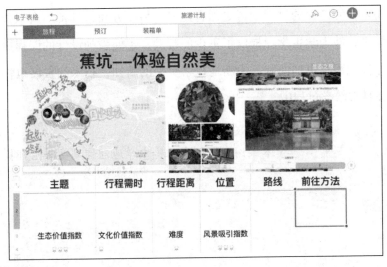

图4-2-7

（三）生态之旅实施阶段

路线设计完成后，建议学生在家长的陪同下，与组员一起根据设计好的路线进行实践，并寻找基本问题的答案。例如：蕉坑生态之旅的设计，除了对假连翘这种目标植物进行考察以外，还对当地种植的大豆、甘蔗进行了细致地考察和记录，进一步延伸思考大豆在日常人们营养补给上的作用、甘蔗在能源改善上发挥的作用，等等。在考察的过程中，"形色APP"新出的功能，不仅能够辅助学生辨认植物，更是能够为学生提供瓜果的辨认功能。

五、小结

地理学科强调学生的地理实践力，开展校本课程最后应当以学生走出校园，走进户外生态场所为方向，让学生在校时能够得到教师的有效指导，在户外时学生能够自主应对不同的困难。深圳周边、包括香港在内有许多可以进行短途生态之旅的地方，引导学生设计一个考察内容丰富的、考察目标明确的、可体验性强的线路，亦可考虑加入环保教育、志愿公益等要素，使考察的过程变得更加有意义。另一方面，具备AI人工智能技术的手机软件为学生学习提供了不少的帮助，也使教师设计的课程更加综合，课程的实施更加便利。不断地探索更多的新知，技术的发展也将点滴渗透在日常教学过程中。

（本案例由深圳市红岭中学地理组冯嘉琪老师提供）

第三节　尊重个性发展　举托影视梦想

　　深圳，这个敢为天下先的城市，"创新"为其由"深圳速度"向"深圳质量"的城市发展转型提供了不竭的动力。作为特区成立后建成的第一所中学，红岭中学在自己30余年的发展历程中也深深地植入了创新的基因，近年来，学校先后荣获"全国百强特色学校""全国百强特色学校十佳创新学校"（中学组），并在全国率先成立了以学生成长需求为服务内容的"学生成长支持中心"，在国内引起了广泛关注并获得了国内外同行的一致赞誉。红岭中学电视台也正是在这一契机下取得了跨越式的发展。

　　经过近十年的不断壮大，红岭中学电视台的职能已然不仅是学校立体化宣传的主渠道之一，同时成为了学生信息素养、传媒素养提升的重要第二课堂阵地，成为了学校校园文化建设的重要一环。我台现有专职教师3名，并以学生为基础成立了较为专业的电视节目制作团队。拥有独立的演播厅、节目制作室，配置了广播级专业视频采编设备，并开通了同步网络电视台。与此同时，形成较为规范的节目制作流程。我台本身也成为深圳广播电影电视集团下辖校园电视台联盟的成员单位，辐射影响与日俱增。

　　回首过往，我们自豪于自己的进步，同时也更为珍惜一路前行的同行与朋友。鉴于此，我们借由此次校园影视工作评选活动整理了自己的工作做法并将后续的发展思路向广大同行展现，希望能够引起大家的关注及讨论，为我国中小学校园影视文化的发展助力。

中学校园电视台的快速稳定发展，显然是一个各方合力的结果。从运营层面来看，我们认为"人才培养"与"内容开发"是其两个核心因素。其中，人才培养除了包括电视台成员的专业技术培训，还应包括电视台内部的团队建设与对外交流机制的建立。这也是我们近年来创新实践的主要方面。现详细介绍如下。

一、大课程观的有效引入

我们知道，由于目前高考评价仍以学科考试成绩为绝对参考主体，这使得广大中学（高中）校园电视台的发展面临着难以逾越的困境，这种困境不单体现在教育资源的分配上，也更加体现于校园影视文化的实践氛围中，学生有兴趣没时间，教师有热情不讨好，似乎成为某些校园电视台发展困局中的常态。值得庆幸的是，红岭中学电视台在运营过程中得到了学校的有力支持。然而，在人员培训的具体操作过程中，我们也发现，"时间不够"事实上成了无法忽视的主要问题之一。作为普通高中，学生在校期间的绝大部分时间必须进行与高考直接相关的学习，我们很难在有限的时间对学生进行较为系统的实验性培训。

通过调研及反思，首先，我们发现"时间不够"其实只是整块的时间不够，因为红岭中学拥有较为丰富的特色课程，如已经纳入学分管理的社团课与校本课，以及每天的活动课。我们也在此基础之上组织了摄影社与影像社（均有专任指导教师），并开设了校本课程"校园影视文化"。再者，我们也发现上述课程的开设虽然都具有一定的特色，也产生了较好的教学效果，但是它们之间却缺少了具有整体性的协调与规划，如影像社的学习内容与校本课程"校园影视文化"的理论讲解部分存在较大程度的重合，这不仅严重影响了学生的学习兴趣，也直接导致了该校本课程的实验部分内容因课时原因不得不一再压缩，因为在电视台的人员培训计划中，这两门课是可以重复选修的。基于上述调查，我们积极引入大课程的相关理论，强化了课程之间的体系关联，如针对校本课课程的大众化特点，对"校园影视文化"的教学内容作了较大幅度的调整，进一步强化影视理论和影视欣赏的相关章节，弱化其课程特征的实验性，而将大部分实验操作内容转移至影像社，并规定加入该社的同学必须提前选修校本课程"校园影视文化"。经过几个学段尝试，我们的培训成效也正逐渐显现。

二、强化人才培养的专业性

经过近十年不断教学的积累，我们在影视培训方面已经基本实现了从基础影视理论解读到影视节目后期制作的多模块教学。基于上述课程体系的内容架构，我们组织了相关老师编写了校本教材《校园影视文化》（如图4-3-1所示），从欣赏入手，不仅能够激发学生对于影视文化的喜爱，同时也能够使学生从文学、绘画、音乐等艺术及感官的角度来全面欣赏并理解影视文化。除此之外，该教材还以影视编导为线索，较为详细地介绍了影视剧本的创作过程及常见的影视手法，为同学们的影视欣赏提供了更为专业的视角，同时也为后续的影视制作实验教学奠定了良好的理论基础。

图4-3-1

为更好地指导学生的实践操作，也为了进一步整合优质教师资源，我们还组织相关老师编写了实验指导教材《校园影视节目制作》，结合课程特征，我们将教材的主体内容分为摄像及用光、非线性编辑、后期特效三大模块，并安排了相关实验项目。此外，我们还依托校园电视台的硬件设施与播放平台，使学生的实践操作更为真实与规范。

三、引导团队运行的灵活性

在校园电视台的日常运营过程中，我们不仅将学生按专业兴趣划分成了策划组、摄像组、主持配音组和后期组等，还借鉴了专业电视台的栏目制作经验，制作了自办校园电视栏目"校园新闻""校园聚焦""校园大发现"等，形成了较为规范的节目制作流程和稳定的收视群体。而对于活动纪录片和微电影等较为短期的影视制作项目，我们则建议学生自行组建相关团队，实践证明，学生团队的组建极大地激发了他们的创作热情。与此同时，随着这种团队模式的运行，学生对于专业分工及小组协作也有了更深层次的理解。因为，相比以往，团队运行的灵活性更加依赖于影视节目制作各环节的专业性，甚至这种灵活性本身就体现了节目制作过程中的某种专业性。

基于这一思路，近两年，我台先后推出了学生微电影10余部。其中更不乏优秀之作，《愿望》是我台去年在大会中提交的一部公益类微电影，大家可能很难想象，正是这部获奖无数的影片，其全部制作过程竟是由我台几名中学生独立参与的。业内老师评价该片时称故事结构清晰，镜头语言运用成熟。诚然，影片于细节各处也许还有些许提升的空间，但是在我们看来，他们的影视素养已然由"熟练"成长为"成熟"。

微电影《愿望》宣传海报（如图4-3-2所示）。

图4-3-2

四、构建成熟的对外交流机制

我台为深圳广播电影电视集团下辖校园电视台联盟的成员单位，并与深圳卫视教育频道《在线教育》等多个知名栏目保持长期友好联系，如合作制作节目、主持人代班等，双方合作已渐趋频繁，我台的辐射影响也与日俱增。此外，我们还积极参与了国内外相关专业交流赛事，并广受好评，如在第十一届中国中小学校园影视奖评选过程中，我台被评选为"全国百佳校园电视台"，并有多达15种不同类型的节目（含主持人）获得该赛事的金、银大奖，数量居全国之最。另外，我台提交的微电影作品《SHE》和《愿望》连续两年在国际教育资源网（iEARN）组织的AYV年会中获选为中国展播代表影片，获得国际同行的一致赞赏。

红岭中学电视台对外交流图展（如图4-3-3所示）。

图4-3-3

　　上述内容是我台近年来在人才培养方面的创新实践纪实。显然，行文思路并非对活动过程进行的经验总结，而是以问题解决为导向的，作为一线中学教师团队，我们更希望自己能够先行一步，将自己遇到的问题及解决方案真实地展现给大家。当然，本文因受篇幅限制，我们不能将更多的过程性的资料和大家分享，如实验项目的开发及修订，又如指导学生团队建设及运行的过程反思等。此外，前文提到，我们认为中学校园电视台的可持续发展有赖于"人才培养"和"内容开发"两大核心因素。从"内容"角度来看，如何开发高质量的校园影视节目这一议题则更为宽广，涉及节目形式、内容制作、包装推广等一系列专业领域。这也是我们后续将要持续思考与实践的方向，期待与大家做进一步交流。

（本案例由深圳市红岭中学邹友明、吴凯萍、郭树英老师提供）

第四节 "以己之力书写历史"

——基于项目式学习的学生家谱制作活动

在新课程新教材的实践探索中，我们设计了多种跨学科、开放性的项目式学习活动，如创作历史剧、仿制"历史文物"、绘制历史漫画、编创历史小报等。其中，以寒假为契机开展的"以己之力书写历史"家谱制作项目式学习活动，尤其具有历史学科特色。

家谱是以表谱形式呈现的以血缘关系为主体的记载本族世系和重要人物事迹的特殊文本。家族无论大小、贵贱，都有自己丰富、曲折的故事。编制家族的历史可以帮助学生走进历史的细节，通过对家庭流转变迁历程的梳理，来感受历史的节奏，达到数典认祖、增进亲情、寻找成长动力、汲取历史智慧的目的。

布置这个作业，专业性强、难度大。为把这次活动做好，老师们做了充分准备：利用课堂时间给学生进行讲解与动员，给学生人手一份《家谱制作活动的通知》及《家谱制作评价量规表》；要求学生通过网络、书籍等方式学习家谱制作的要求和方法。还特别约法三章：必须是自己的家谱，且真实可信；至少有最近三代人的记录，且包括家庭世系表、家庭大事记、家庭史料、家庭故事、活动后记等要素；送交家谱制作需家长签字同意，等等。为了引起学生的重视，我们特别强调这次家谱作业将与期末学分评定挂钩。

　　附： 学生家谱制作评价量规如表4-4-1所示。

表4-4-1

序号	等级项目	优秀	良好	一般	不合格
1	家庭世系（30分）	世系脉络非常清晰、旁系完整、主要成员生卒时间准确、追述久远、至少包括从本人开始五代以上。（30分）	世系脉络清晰、旁系较完整、部分主要成员有生卒时间、追述从本人开始至少四代以上。（25分）	世系脉络基本清晰、有部分旁系、个别主要成员有生卒时间、追述从本人开始至少三代以上。（20分）	世系脉络不太清晰、很少旁系记录、没有主要成员生卒时间、只有两代记录。
2	家庭大事（20分）每件事100~150字	5件以上家庭大事、能全面反映家庭变迁与社会变迁的关系和家庭重大变化的关键事件。（20分）	4件以上家庭大事、能反映家庭变迁与社会变迁的关系和家庭重大变化的关键事件。（15分）	3件以上家庭大事、基本反映家庭变迁与社会变迁的关系和家庭重大变化的关键事件。（10分）	没有能反映家庭变迁与社会变迁的关系和家庭重大变化或家庭重要决策的关键事件。
3	家庭史料（15分）	有丰富家庭照片、文字和实物等资料（复印件）。（15分）	有家庭照片、文字和实物资料（复印件）。（12分）	有少量家庭照片、文字和实物资料（复印件）。（10分）	没有家庭照片、文字和实物资料。
4	家庭故事（15分）每个故事500~800字	有3个以上真实、感人的家庭故事。（15分）	有2个以上真实、感人的家庭故事。（12分）	有个以上真实、感人的家庭故事。（10分）	没有真实、感人的家庭故事。
5	呈现方式（20分）	独特新颖，表现手法丰富，综合运用文字、表格、图片、声音、视频等多种媒体。（20分）	表现手法较丰富，能运用文字、表格、图片、声音、视频等多种媒体。（15分）	表现手法一般，运用媒体的种类较少。（10分）	表现手法较单调，运用媒体单一。

续表

序号	等级项目	优秀	良好	一般	不合格
6	活动后记（20分）	清晰完整地介绍家谱制作的过程；有家谱制作过程中克服困难的典型事例；能说明活动的主要收获。（20分）	能介绍家谱制作的过程；有少量家谱制作过程中克服困难的事例；能简要说明活动的主要收获。（15分）	能介绍家谱制作的过程；有家谱制作过程中克服困难的事例。（10分）	能介绍家谱制作的过程。

（本量规由福田区教科院嵇成中老师提供）

我们期待的寒假作业终于在新学期正式亮相了。在八百多份构思巧妙、形式新颖的学生"家谱"作品中，学生们通过独特的视角叙述家庭的历史，呈现祖先创业的艰辛历程，饱含着浓厚的亲情，彰显了中国传统的家庭伦理观念（如图4-4-1所示）。认真拜读学生们制作的家谱作品，我们的思绪游弋在一个个家族史中，感受其中的欢喜与悲伤，学生们的热情让我们倍感惊喜，学生们天马行空的创意也让我们赞叹不已！

图4-4-1

以下是部分学生在完成家谱制作后的感受：

"这次的家谱作业，可以说是寒假里我做的最享受和最愿意做的作业了；在这个过程中，我明白历史总是在我们身边的，看看现在的这份世系表，我可以想象到百年前先辈们的生活。当看见旧家谱上最早的记载是从乾隆年间开始的时候，仿佛这个遥远的年代离我又那么近，而当我的名字也出现的时候，我也明白我本身即是历史的一部分，而历史，是从不间断的。此刻我也明白了为什么有的国家（比如美国）非常注重对历史的保护和传承，并为此骄傲，因为历史可以让你知道你的过去，借鉴现在，而展望将来；此刻，我也是如此的骄傲。"

——高一（11）班　唐一凡

"我是女生，从中国传统观念来说，我是没有资格进入族谱的。但是我却在族谱上意外地发现了自己的名字。据说是我们这一房人才记上女儿的名字。知道了这件事，我十分感动。所以在和妈妈制作家谱的过程中多了份对祖先的归属感，原来，女孩也是有根的。"

——高一（16）班　曹欣瑜　彭坤梅（母亲）

学生编写的家谱内页（如图4-4-2所示）。

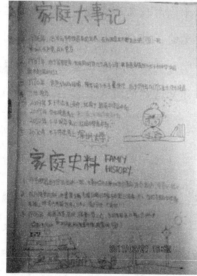
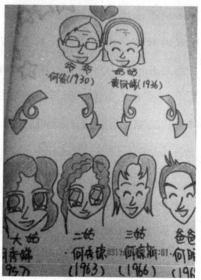

图4-4-2

"在制作家庭史料中，找照片的时候，触摸着那些发黄的老照片，似乎又看到了曾经的一切。有的照片甚至已经残缺用不上了，但还是依稀可以辨认出父母、爷爷奶奶们曾经年轻的样貌。从自己亲手绘制的家庭世系，亦开始认得许多并不十分熟络的长辈以及旁系亲属。虽然很累，但真的很开心……

或许有那么一天，我也可以告诉我的下一代、下下一代，我们家曾经发生的一切。那该是多么美好的场景。就让这份血浓于水的亲情一直延续下去，Now、Future And Forever。"

——高一（16）班　刘方

"（制作家谱）有困难也有收获，收获是相当于上了很多很多的历史课，而这些收获、这些经历在课堂上是无法学到和无法形容的，我想这也是一堂很丰富多彩的社会历史课。通过这次活动，我在长辈的帮助下认识到我们今天的幸福生活是来之不易的。"

——高一（2）班　黄菁

"刚开始，我并没有把制作家谱当作多大的事做，只要能应付交差就可以了，但在制作过程中，随着资料收集越来越全面，我感受到一种责任感。于是，我下定决心认真做好家谱，为全面了解家庭历史出一份力。我把爸爸、爷爷都拉到我制作家谱的队伍中来，同我一起出主意，为制作家谱提供资料和思路。是爷爷的期许、爸爸的鼓励和帮助才促成我完成了家谱制作。"

——高一（4）班　黄韫婵

"我们家族有些特别，祖辈都是蒙古族。游牧民族自古是没有记家谱的习惯的，所以关于家庭大事，便全靠奶奶口述了。奶奶年岁已高，又罹患重病，一天之中并无多少时间能够正常地进行对话交流，坐起来一会儿便已经累得没有力气说话，所以对她的采访也是断断续续的。有时候看着她很辛苦地说话，很心疼。好在奶奶她老人家也希望能够帮助我完成这一家谱制作，这也算是偿了她的心愿了。"

——高一（19）班 高维 高鹏翔（父亲）

在制作家谱的过程中，令人感动的故事、惊喜俯拾皆是，回首我们布置这一作业的初衷，发现收获远远超过了我们的想象。

其一，本次家谱制作活动，充分利用了学生们身边的历史资源，使历史更亲切、更贴近于他们的生活。既培养了学生史料实证的核心素养，让他们能从更多角度观察历史、理解历史，又有助于学生增强学生对家庭的自豪感和社会责任感。

其二，通过本次项目式学习活动，家族成为学生们关注的焦点，部分学生甚至举全家之力来制作家谱，因此拉近了家族成员之间的距离，而使家庭更有凝聚力、更加和谐。从家谱的编写后记看，几乎所有学生都很享受家谱制作的过程，希望下次仍有机会能尝试如此"与历史贴近的、有趣的作业"。（学生语）

其三，本次项目式学习活动是课堂内外与历史的一种交融，让学生有机会从个人、家族的角度理解一个国家、民族的历史。有同学的家谱就用"辛酸篇""创业篇""幸福篇"的方式来呈现，从中折射了共和国发展的时代特征。

其四，活动也提高了老师对课程的认识，从中我们深切感受到了历史课程资源的多样性。有老师深有感触地说，"只要我们用心去收集，课程资源就在我们的身边，学生就是一个巨大的、多姿多彩、充满活力的资源宝库。"

如何让教师学会主动地、创造性地利用一切可用的课程资源？如何使历史教学过程真正成为学生参与活动的过程？如何让学生真正成为历史学习的主人？

这次活动虽然结束了，但我们的思考才刚刚开始。

（本案例由深圳市红岭中学吴磊、双学锋老师提供）

第五节　以青春之名，为建党百年献礼

——创意运动会上的思政课

习近平总书记在庆祝中国共产党成立100周年大会上的重要讲话中指出，100年前，中国共产党的先驱们创建了中国共产党，形成了坚持真理、坚守理想，践行初心、担当使命，不怕牺牲、英勇斗争，对党忠诚、不负人民的伟大建党精神。

新青年要大力发扬红色传统、传承红色基因，赓续这些宝贵的精神血脉，始终保持大无畏的奋斗精神，鼓起迈进新征程、奋进新时代的精气神。

在建党百年之际，红岭教育集团高中部结合"以人为本，依法治校，文化引领，传承创新，融入世界，追求卓越"的办学方针，通过富有创意的入场式，营造求真和谐的校园体育文化氛围，让学生了解学习中国共产党党史，继承和发扬党的伟大的系列精神，从而发挥学生的创新思维，充分彰显班级特色，提升学生文化素养，树立学生文化自信。

八大篇章献礼华诞

在校长室的统筹下，高中部学生处和历史、政治等教研组制定了总方案，围绕中共中央宣传部发布的第一批纳入中国共产党人精神谱系的伟大精神，进行了细致地学习和整理，并将谱系内容分为八个阶段。每个级部、每个班级从不同角度、以不同形式鲜活地演绎了对不同时间段红色精神的理解和感情。

以史为鉴，可以知兴替。恰同学少年，风华正茂；逞飒爽英姿，一代天骄。同学们迈着整齐的步伐，喊着嘹亮的口号走入运动场，这是红岭文化的精彩展演，也是运动精神的集体交融！整齐的步伐体现着他们的坚定，灿烂的微笑写着他们的热情，嘹亮的口号体现着他们的实力，他们团结友爱，勤奋好学。他们用拼搏的汗水挥洒赛场，用晶莹的泪水拥抱胜利的辉煌。

开天辟地：新民主主义革命时期

百年辉煌，源于五四，始于红船。1921年7月，中共一大在上海和嘉兴南湖的一艘游船上召开，宣告中国共产党正式成立。这是中华民族发展史上开天辟地的大事件，给灾难深重的中国人民带来光明与希望。自此，科学理论的指引、正确的方针政策、坚强有力的领导集体在历史的洪流中带领着中国人民夺取了新民主主义革命的胜利！

"五四精神"闪耀运动场（如图4-5-1所示）。

图4-5-1

星火燎原：土地革命时期

土地革命时期，中国共产党从初建走向政治上的成熟。在极端困难的条件下，中国共产党坚持斗争，开辟了农村包围城市、武装夺取政权的中国革命新道路，引导中国革命走向复兴并逐步赢得胜利。

众志成城：全面抗战时期

1937年开始的全面抗击日本帝国主义的侵略，既是关系中华民族生死存亡的关键阶段，也是中国共产党发展壮大的重要时期。在这一时期，中国共产党号召全国同胞团结起来抵抗侵略，并努力寻求与国民党合作共同抗日。1945年，日本向同盟国阵营无条件投降，中日战争告终。这是中国近代以来抗击外敌入侵取得的第一次完全胜利的民族解放战争。

改天换日：人民解放战争时期

第三次国内革命战争时期是中国民主革命最后取得全国胜利，毛泽东思想进一步取得全面发展的时期。这个时期中国共产党的历史可以分为四个阶段：一是为争取国内和平民主阶段；二是人民解放战争防御阶段；三是战略进攻阶段；四是取得战略决战的伟大胜利，中华人民共和国成立。

奠基固本：社会主义过渡时期和探索时期

社会主义过渡时期是指从1949年新中国成立到1956年社会主义改造完成：政治上，反动残余势力被彻底消灭，新生的人民政权日益巩固；经济上，由国营经济领导的多种经济成分并存，社会主义成分不断取得胜利，三大改造完成后，社会主义制度建立，我国进入社会主义初级阶段。

创意运动会上的"上甘岭"精神（如图4-5-2所示）。

图4-5-2

社会主义十年探索时期（1956-1966年）也称全面建设社会主义时期、社会主义十年探索时期或十年探索，在这期间，社会主义三大改造顺利完成，中共八大胜利召开，石油工业、电力工业、铁路事业发展迅速，导弹、原子弹研制成功。

春天的故事：改革开放"探路"时期

1978年至1992年，是中国实行改革开放最为重要的阶段之一。所谓探路，包含了两层含义：一是对改革目标的探索；二是对改革路径的探索。深圳，因改革而生，因开放而兴，以改革开放"探路者"的姿态开启了实践之路。无论是从国家发展的宏大叙事中审视，还是以深圳变化的微观视角去体察，都能清晰地看到"打开国门搞建设"是如何深刻改变了当代中国和中国人民的命运，如何深刻影响了世界发展的进程。

继往开来：改革开放新时期

改革开放新时期，不断扩大人民民主，加强法治建设，改进党的领导，实行法律面前人人平等的原则和依法治国的方略，深化政治体制改革，发展社会主义政治文明，并不断完善基层民主制度，切实保障公民的民主权利。人民的物质生活得到快速提升，精神生活极其丰富，社会组织形式深刻变化，人们思想活动、社会活动的独立性、选择性、多变性、差异性都明显增强。

伟大复兴：中国特色社会主义新时代

习近平新时代中国特色社会主义思想，是党和人民实践经验和集体智慧的结晶，博大精深、高瞻远瞩，从理论和实践结合上系统回答新时代坚持和发展什么样的中国特色社会主义、怎样坚持和发展中国特色社会主义，包括新时代坚持和发展中国特色社会主义的总目标、总任务、总体布局、战略布局和发展方向、发展方式、发展动力、战略步骤、外部条件、政治保证等基本问题。

建党百年波澜壮阔，特区41年春华秋实，红岭40年风华正茂。星火燎原，桃李天下，教师代表方队的红岭人以昂扬的姿态迈出坚实的步伐，

"2025年提前实现教育现代化"是红岭人的坚定誓言，也必将成为红岭的伟大成就！家长代表方阵亦是当仁不让，随着《万疆》音乐缓缓响起，白衣红裙的妈妈们翩翩起舞，手托红布的爸爸们疾步飞奔，短短三分钟的表演赢得了满堂喝彩、阵阵掌声，展现出红岭家校间精诚合作的不凡风采。

此次创意开幕式，既是红岭不断创新、积极改革、勇于探索的一次实践，更是一堂生动的爱国主义教育课。有政治老师感慨，一次运动会抵得过一个月的政治课。学好党史、感悟党史，方能积蓄奋斗力量，方能不忘为民初心。这是红岭人当仁不让的使命，也是党史学习教育的意义所在！

在这特殊的历史节点，红岭师生以此形式向党的一百岁生日献礼，愿所有红岭人都能在这伟大的双庆节日里，用自己的汗水诠释运动的精彩，将红色精神践行于体育锻炼和运动中，践行于学习和生活中，从而融入身心血脉，以青春之美、体育之魂献礼建党百年。

（本案例由深圳市红岭中学双学锋等历史组老师提供）

第六节 学生造出了"水下机器人"

红岭中学邀请了外国专家Timmie，为红岭中学机器人校队开展了一场有关水下机器人技术的讲座。该讲座旨在让同学们了解海洋深处的奥秘，启发同学们对科技的思考，培养同学们创新和团队协作能力。

首先，Timmie专家向同学们介绍了多种水下机器人。它们大小各异，外形都很有特点，可以在各种极端的环境下进行监测、搜救、海岸线守护等不同高难度的工作（如图4-6-1所示）。

图4-6-1

例如，一个叫作VENTANA的机器人，其已在工作岗位上工作了三十年。VENTANA是西班牙语"窗"的意思，它为科研人员在研究水下生物方面提供了一个途径。VENTANA记录下了许多深居于海底的神奇海洋生物的活动情况，它们生活在巨大水压之下，我们只有借助功能强大的水下机器人，才得以观察它们的形态。

其中，有一个机器人吸引了同学们的眼球，它就是Stock Bridge高中机器人队研发的一款水下机器人，Stock Bridge高中的机器人队不仅将它用于平时的比赛，也会去南太平洋打捞二战时坠落的战机，一说到这儿，同学们眼中都露出了敬佩的光芒（如图4-6-2所示）。Timmie专家笑着解释说，打捞战机是属于面向全社会的一项公益活动，他希望红岭中学的学子们能利用好自己所学的知识与课余时间，对这个世界作出自己的贡献。

图4-6-2

本次活动的重中之重，是现场进行一个水下机器人搭建项目，这个项目不仅需要同学们有足够的创新能力和团队合作意识，也有不少技术性的挑战，如推定期的对称布置就是一大难题。

专家向同学们介绍了一些制作机器人的方法及构成机器人的部件，同学们看着桌面上新奇多样的部件，纷纷摩拳擦掌、跃跃欲试。Timmie专家让同学们回顾了自己学过的物理原理，并让他们利用已有知识去搭建水下机器人。

经过三轮不同任务的搭建后，同学们将自己亲手搭制的机器人放入室外的水池进行水下实操。尽管首次试验问题不断，但同学们都十分耐心地对机器进行不断调试，并向专家询问方法和建议。不少路过的同学和老师纷纷驻足，观看这一场"人机"盛宴（如图4-6-3所示）。

图4-6-3

　　"这次活动让我意识到了团队活动的重要性。一个人的力量很小，但一个团队的力量是无穷的，每个人都可以为我们的机器人作出贡献。其次，便是机器人重心的问题。这次讲座对这个问题给了我很好的引导和启发，如果解决了这个问题，我们的机器人可以更好地完成任务。"

——来自G115的同学

　　本次活动让红岭中学的学子们感受到了科技的魅力，在同学们内心埋下了创新的种子。也让同学们意识到了，唯有科技进步才能促进社会发展，唯有科技进步才能提高人们的生活水平。

　　在这次活动结束之后，红岭学子们将继续发扬红岭人引以为傲的团队合作精神，进一步培养科技创新能力，激发自己的潜能，在机器人领域谱写属于自己的华章。

第七节　井冈山社会实践学生活动设计案例

——以地理学科为基底的真实性学习

井冈山"地貌勘探员"

一、知识基础

井冈山，位于江西省西南部，地处湘赣两省交界的罗霄山脉中段，是江西省西南的门户。井冈山市位于北纬26.34°，东经114.10°之间。

井冈山地形的特点是山高林密，沟壑纵横，层峦叠嶂，地势险峻。这里有很多的革命人文景观，是土地革命初期中国工农红军革命遗址最集中的地方。井冈山的自然景观同样令人叹为观止。主要景观的类型有：峰峦、山石、瀑布、溶洞、气象、高山田园风光、次原始森林和珍稀动植物、温泉等八类。具有"雄、险、秀、幽、奇"的特色。

（一）山地和丘陵

井冈山的峰峦可分为中山和低山两个亚类（如图4-7-1所示）。侵蚀中山集中分布在中部偏北的地区，海拔多在1000m以上，侵蚀低山多分布在北部和东南部，海拔多在600～900m之间。

图4-7-1

（二）峡谷和瀑布

井冈山中有着深深的峡谷，形态上呈"V"形，长度从几千米到十几千米不等，著名的有龙潭峡谷和水口峡谷，瀑布多与峡谷相伴生（如图4-7-2所示）。

图4-7-2

（三）构造盆地

在井冈山的侵蚀山地和丘陵之间，错落有致地分布着十多个典型的山间构造盆地。他们大多沿境内的河谷呈串珠状分布。尤其值得一提的是喀斯特地貌区发育的各种溶洞。

（四）独特的盆岭格架

井冈山东西分别与鄱阳湖平原和洞庭湖平原相依，是长江中游鄱阳湖平原和洞庭湖平原的分界性山脉，宏观上构成了南北向的"盆岭"地貌格架。

二、活动设计

1.结合材料分析井冈山地区地貌特征。

2.联系遥感图像，记录研学过程中所能观察到的典型地貌。

注：遥感图像推荐从两步路户外助手APP获取（经纬度与海拔也包含在里面），研学过程包含从出发至返校全程。以下表格不够的话可以用A4纸进行记录，如表4-7-1所示。

表4-7-1

观察地点经纬度位置、海拔高度	地形、地貌名称	地形、地貌特点	实景照片
例：24° 22′ N，112° 16′ E；800m	山间盆地	四周高，中间低，以北部山地为最高点	可以是手机遥感图像截图，也可以是手机拍摄的照片，返校后打印贴上

井冈山"土壤分析师"

一、知识基础

（一）中国的五色土

分别是指青、红、黄、白、黑五种颜色纯天然土壤，分布情况如下：

1. 黑土：主要分布在我国东北平原，因为这里湿润寒冷，微生物活动较弱，土壤中有机物分解慢，积累较多，所以土色较黑。

2. 黄土：主要分布在我国黄土高原，这里的土壤呈黄色，这是由于土壤中有机物含量较少的缘故。

3. 红土：主要分布于长江以南的低山丘陵区，包括江西、湖南两省的大部分，云南、湖北的东南部，广东、福建北部及贵州、四川、浙江、安徽、江苏等的一部分，以及西藏南部等地。

4. 青土：主要分布在我国的东部地区，因为在排水不良或长期被淹的情况下，红土壤中的氧化铁常被还原成浅绿色的氧化亚铁，土壤便成了灰绿色的，如南方某些水稻田。

5. 白土：主要分布在我国的西部地区，这些地方的土壤含有较高的镁、钠等盐类盐土和碱土常为白色。

（二）土壤的质地

土壤的质地分为砂土、壤土、黏土三类，主要根据土壤的沙性与黏性区分，野外可以快速地通过手测的方式进行初步判别。

二、活动：观察土壤

在任意地点，取10cm×10cm的土壤立方块，将土壤放在一块白纸上。

1.观察土壤块颜色，判断其可能属于五色土中哪一类的亚种；

2.将手帕纸撕下一层，土壤放置在其上方，1分钟后，观察纸巾的潮湿情况；

3.观察土壤块疏松情况及颗粒粗细（可以用手掰开、揉搓土壤来感受）；

4.其余土壤观察，例如：拍照记录等。

土壤观察记录表，如表4-7-2所示。

表4-7-2

取样地点	种属	湿度	黏度	颗粒粗细	质地
该土壤的其他特点：					

（活动设计：田玥、谢静雯、杜谨好、曾思宇、王一辰、李元轩）

观察井冈山的自然植被

一、知识基础

井冈山市属于亚热带季风气候，四季分明、雨量充沛。井冈山上林木繁茂，有各类植物3800多种，其中香果树、银杏、水杉、鹅掌楸、井冈山杜鹃等，均属珍贵的珍稀植物。截至2014年，保护区内分布有珍稀濒危植物190余种，已列为国家重点保护植物的达40种。国家一级重点保护植物4种，包括：南方红豆杉、伯乐树、银杏与冷杉。国家二级重点保护植

36种，为野山茶、独花兰、香果树等（如图4-7-3所示）。

图4-7-3

二、探究活动：给某株植物制作一张小名片

您可以在路途中观察某一株或者某一种当地常见的植物。

银杏资料卡，如表4-7-3所示。

表4-7-3

植物名称	别称	在当地是否常见	生长情况	生长习性
银杏。	白果，公孙树，鸭脚树，蒲扇。	是。	良好，未出现虫害。	肥沃的砂质土壤，阳光充足的隐蔽处。
用途	外观描述	科属	画下来你所看到的植物	
药用主要体现在医药、农药和兽药三个方面。在宋代被列为皇家贡品。但大量进食后可引起中毒。	幼树树皮近平滑，浅灰色，大树之皮灰褐色，不规则纵裂，粗糙枝条平直，树冠呈较规整的圆锥形。	银杏科、银杏属.		

给某株植物制作一张小名片，如表4-7-4所示。

表4-7-4

_____资料卡				
植物名称	别称	在当地是否常见	生长情况	生长习性
用途	外观描述	科属	画下来你所看到的植物	

（温馨提示：除了制作小资料卡之外，还可以通过制作标本等方式记录下植物的形态，有兴趣的同学可以选择制作标本。）

（活动设计：莫嘉淦、刘双江、卢舒舫、罗云溢、李琦峰、刘彦仪）

红色革命地中的"绿色使者"

一、知识基础

（一）景区村落的餐饮接待能力逐渐提升，环境压力呈加大趋势

伴随着客流量的逐渐增多，以田园风光参观、果园采摘、有机农家饭等农家乐活动逐渐普及，增加了旅游经济收入。例如，泰和县的蜀口古村，免门票，旅游收入主要靠农家乐活动，在2013年"十一"黄金周期间接待游客1.51万人次，旅游收入为271.8万元。井冈山管理局还专门发布了《加快井冈山农家乐发展实施意见》，计划至2014年底，规划1000家有一定接待能力、起到带动作用的农家乐（其中不少于30家是四星以上农家乐），在全山构建形式多样、发展规范的乡村旅游产品体系和特色显著、结构合理的农家乐旅游发展格局。建筑以及消费行为同时对环境承载造成挤压态势。

（二）景区村落环境现状尚好，但环境状况呈恶化趋势

尽管目前的调查表明，景区村落普遍环境良好，水、土壤和大气质量较好，但景区村落环境存在恶化的趋势。分析异常的监测指标后发现，部分监测指标同旅游活动的开展呈现出关联性，例如茨坪景区村落的土壤中铅含量就受到汽车尾气排放的影响，已经接近污染临界值。也有部分监测指标受到了附近企业的干扰，例如渼陂湖景区村落的环境中汞含量普遍偏高就是受十公里外华能电厂废气排放的影响导致的。

（三）景区的承载压力过大的问题

井冈山的核心景区茨坪的总面积为3平方公里，红色旅游的开发建设进一步加大了茨坪景区的拥挤程度，整个景区的建筑密度在逐年增加，整

个景区的常住人口也在不断增加，几年前的茨坪景区还只有数千人，而现在人口已经达到了数万人，随之而来的空气污染、噪声污染、生活垃圾等固体废弃物、生活污水也在大规模增加，整个景区的生态环境不断恶化（如图4-7-4所示）。在纪念日和旅游旺季，井冈山的生活垃圾、废水、废气都会呈现大规模的增长，生态环境恶化十分严重。

图4-7-4

二、活动设计

活动1：小调查

进行环境污染小调查，如表4-7-5所示。

表4-7-5

访谈对象：		访谈时间及地点：	访谈者：
访谈问题及内容			
1.			
2.			
3.			

问题示例：您身边是否存在环境污染问题？村中污染物的排放情况如何？

活动2：观察、记录

观察并找出研学途中现存的环境污染问题，进行拍照记录。

井冈山"产业小记者"

一、知识基础

（一）井冈山产业概况

井冈山有"两茶（油茶、茶叶）一竹"、果蔬、花卉苗木、特色养殖等六大富民特色产业，以及制瓷业、旅游业等。农产品选择和"原生态""井冈山"等标签绑定，借助电商平台，通过井冈山相对便利的交通，进行销售；或者和旅游业结合，打"红色文化""体验"的牌子，在景区进行销售。第二产业目前主要是龙市的陶瓷产业和新城、龙市的高新企业。

目前井冈山的优势在于：环境好、交通相对便利，这保证了对沿海经济带的承接能力。但是要想打出井冈山的牌子，吸引闽粤的企业入驻，还需要相关的政策和环境因素。井冈山的旅游业，主要来源于其丰富的红色文化和历史地位。当然，井冈山本身的优美自然环境（森林覆盖率80%左右），也起到了很大的促进作用。

（二）蜜橘产业

该县以辖区赣江两岸区域为中心，先后流转土地总面积5000余亩，打造井冈蜜橘产业基地（如图4-7-5所示），并安排专项资金进行扶持。同时，将各井冈蜜橘产业基地纳入现代农业示范园区范围，享受园区内产业发展奖补政策。

图4-7-5

（三）井冈山旅游业

井冈山以红色旅游业为基础，注重环境保护工程和硬件设施的打造及管理，形成了独特的优势（如图4-7-6所示）。一是拥有很多独一无二的资源，既有面积广阔的秀美的自然风光，又有在中国现代史上独有的人文景观，还有全国各地文化差异交融形成的特有文化现象；二是从中央到地方对井冈山的发展都非常重视；三是交通网路空前发达，有高速公路、铁路、机场等，全国甚至全世界的游客来井冈山旅游变得更为便利。

图4-7-6

二、探究活动

（一）请你就产业方面设计访谈问题，对井冈山当地居民进行采访、记录、整理访谈结果

访谈问题举例：

您认为旅游开发是否会给井冈山带来更多就业机会？

Q：请问您现在从事什么工作？

Q：请问您的亲戚朋友大概有多少从事旅游相关工作？

Q：您是否觉得随着旅游业发展，身边创业的人的比例越来越多？

Q：旅游业发展是否提高了居民的生活质量及收入水平？

Q：新冠肺炎疫情对当地旅游业是否有影响？

（仅供参考，鼓励自主设计访谈问题）

访谈记录表，如表4-7-6所示。

表4-7-6

访谈对象：	访谈时间及地点：	访谈者：
访谈问题	访谈内容	

（二）观察并写出当地适宜特色产业发展的条件

【活动提示】

1. 居民：旅游产业工作者，一般工业、农业工作者（生活地点在井冈山景区附近）。

2. 当地特色产业发展条件可从自然环境、政府政策、人文历史等方面思考。

3. 新冠肺炎疫情对当地旅游业的影响，可从旅游收入、疫情期间旅客流量、疫情期间旅游业从事人员事业率等方面设计问题。

（活动设计：陈卓颖、梁溢珊、何雨霏、邢亦菲、张慧敏、李昊轩）

井冈山特色民居的记录

一、知识基础

　　井冈山的客家人主要是从广东、福建等迁到此地的。相比当地"土著人"来的时间较晚，其居住地大多建于深山，按到达时间先后，分别居住于山脚、山腰、山顶。因而他们的村庄分散，多为独门独户独居，因山就势，向阳避风而建。井冈山是典型的山区，受地理因素影响，这里的客家民居少有闽、粤客家人传统的圆寨、围龙屋，常见的多为厅堂厨房间阁四方式。讲究朝向、布局严谨，较富裕家庭的房屋分上下厅，左右两排横屋对称，前后左右各有天井，厅中央天子壁上必有神龛供奉祖宗，厅与厅之间有通道相连。井冈山客家民居相比其他地区较为古朴简单，依山就势以土木结构的"干打垒"平房为主，更注重实用性（如图4-7-7所示）。

图4-7-7

　　赣南围屋在古代集祠、家、堡于一体,具有鲜明防卫特征的坚固民居。方围四周都是简单的围屋,一般是两三层,也有多至四层者,为悬挑外廊结构。较大围屋内部还建有祖厅,更大的则是多层的套围。围屋外墙多是河石、麻石、青石、青砖构筑的坚固墙体,厚度甚有达两米者。内部粮仓、水井、排污道等一应俱全。围屋内掘有水井,多辟有粮草贮藏间,有的还用蕨粉,或用糯米粉、红糖、蛋清拌和粉刷墙壁,久困缺粮,可剥下充饥。赣南围屋绝大多数是方形,四角(少数在对称两角)都构筑强固的碉楼。外墙为坚实的封闭体,遍布枪炮眼口,外形森严冷峻,给人固若金汤的感觉(如图4-7-8所示)。

图4-7-8

二、活动设计

1. 走访村落，观察平房或围屋两类特色民居的内部结构，画出其中一类的示意图，并标示出主要结构。

2. 结合材料与实践，用拍摄工具记录民居的风光，描述民居特点，并根据特点推断当地的地理环境（气候、地形、土壤等）。

（活动设计：钟妍玉、范海欣、张泉、王思琦、翟静雯、王嘉维、刘业涛）

井冈山红色文化之旅

一、知识基础

（一）井冈山精神

文化资源泛指人们从事一切与文化活动有关的生产和生活内容，它以精神状态为主要存在形式；狭义上的文化资源是指对人们能够产生直接和间接经济利益的精神文化内容。井冈山地区以红色文化著称。井冈山精神是一种中国共产党领导人民群众在井冈山斗争中创造的具有先进性特质的革命文化，马克思主义理论、中国共产党早期革命精神、中国传统文化和地域文化是其思想和文化基础，井冈山精神是一种独立状态的中国共产党人的精神。

（二）民俗文化

1. 挖冬笋

挖冬笋，是黄坳、茨坪、长坪、下七一带客籍山区农民所喜爱的一项采集活动。农历十一月以后，冬笋即开始生长，客籍人们便身背背篓，手握锄头进山挖笋（如图4-7-9所示）。

图4-7-9

2. 红薯丝饭

红薯丝饭是从前井冈山区的传统主食（如图4-7-10所示），中华人民共和国成立前，当地就流传着一首民谣："薯丝饭，木炭火，除了神仙就是我。"这首民谣反映了当年井冈山区的清贫生活和山区居民追求起码的温饱生活的意愿。也反映出当年红军在艰苦条件下那种乐观向上和艰苦奋斗的革命精神，这也是军民鱼水情的真实写照。

图4-7-10

3. 建房

井冈山土籍居民建新房的礼仪有进桌、圆屋、上梁、过火等习俗（如图4-7-11所示）。

图4-7-11

4. 勺子碓舂米

勺子碓，是井冈山客籍人用来舂米的工具。旧时人们用石头作臼，用木棒作杵捣米（如图4-7-12所示）。常用的有手碓、脚踏碓。山里人在脚踏碓的基础上，利用山泉的落差，装成不用人力的"自动"碓，一天能舂一担谷，比脚踏碓省时省力，独家独户使用，非常方便。

图4-7-12

二、活动设计

1. 从上述材料或其他网络信息中选取若干井冈山特色民俗对当地居民进行采访。

（可以从该民俗的活动时间、特殊意义、庆祝方式等方面进行提问，建议向当地老人或是村长进行采访。）

采访记录表，如表4-7-7所示。

表4-7-7

访谈对象：	访谈时间及地点：	访谈者：
访谈问题及内容		
1.		
2.		

2. 整个研学中你参与的劳动是什么（拍照或拍视频，照片和视频中必须有参与者）？从中了解到什么地理知识？请写出劳动后的心得与感受。

（活动设计：刘梦阳、江昶舟、陈焕钰、黄滟淋）

第八节　寻根宗祠文化　传承家国情怀

——历时8年的深圳祠堂调查

《粤港澳大湾区发展规划纲要》中明确要"共建人文湾区"，包括"共同推进中华优秀传统文化传承发展""联合开展跨界重大文化遗产保护"等，宗祠作为传统社会中最重要的祭祀建筑，是传统社会文化精神的物质表现形式，蕴含着丰厚的历史文化价值。充分挖掘和利用深圳宗祠文化丰富的资源，可以激发文化创新活力，弘扬家国情怀，展示体现中国特色社会主义制度优越性的城市人文之光。

在深圳经济特区这样一个现代化的城市里，遍布着传统农业社会留下的大量祠堂，它既是深圳原住民的记忆之根，也是深圳文化的宝贵遗产。人们常用"创意之都，人杰地灵"来描述深圳的年轻活力、人才辈出，但我们很少听到有关这片土地的可评可点的历史积淀和文化特色。随着一浪高过一浪的城市化改造，这里的祠堂的生存环境和功能也在发生着根本性的变化，亟须我们去关注、发掘、传承。

为了寻找这些都市里正在消失的文化，吴磊工作室的几位历史老师，利用寒暑假组织学生开展祠堂调查的项目式学习，调研前后持续八年时间，参与者包括深圳多个学校、多个年级的学生，师生通过田野考察、文献研究、访谈调查等形式，深入深圳各社区，访问当地族人，特别是老人，了解祠堂历史以及发生在周边的历史故事。实地考察各类宗祠几十座，学生完成调研报告几百份、照片素材三千多张，发掘整理了大批的祠堂文化资料。2015年，吴磊、张迁等老师指导的《寻找正在消失的历史——深圳城中村祠堂现状调查》市课题获得立项资格，后来该课题还获得深圳市首届中学生优秀课题评比一等奖。

吴磊、张迁老师带领学生深入深圳各区进行祠堂调查（如图4-8-1所示）。

图4-8-1

经济特区虽然只成立40年，但深圳本土祠堂历史悠久，既有宋元以来的祠堂遗迹，也有改革开放后的新修建筑，更多的是明清朝以来经历了多次重修的祠堂，绝大多数基本保留了原有的风貌。现在这些祠堂多数得到各级政府组织保护，列入当地物质文化保护名录，有的还列为省市级文物保护单位，比如，宝安新桥曾氏大宗祠2002年被公布为广东省重点文物保护单位，下沙黄思铭公世祠1998年被列为市级文物保护单位等。

深圳祠堂之多，原来村落中基本上一村有一祠，还有一些村出现祠堂群。伴随祠堂建筑出现的还有另外的景观，周边一般都还保存有古庙宇、古炮楼、古树木或其他传统建筑。祠堂承载着丰富的宗族礼制、血缘伦理、社会教化的文化内涵，在传统社会凝聚族众，在基层社会管理中发挥着重要作用。

如今，祠堂仍是原村民尤其是老年人休闲聚居的地方，是村民联络的一个纽带，也是外来移民休闲的一个去处。在重阳节、端午节等重大节日，祠堂也是村民们祭祀、吃盆菜、聚餐的地点。

在祠堂调研过程中，我们也是累并快乐着。累是因为对每一个祠堂我们都要实地调查，而祠堂相对来说是一个仅限所在地原住民活动的空间，调查的时候要么关着门，要么不让拍摄。最大困难还是语言不通，一般对祠堂历史知道一点的都是本村年龄较大的老人，这为交流带来很大不便，印象较深的一次是在福田村走访，好不容易碰到一位老人，因语言问题临时在路边询问会白话的行人，求得帮忙翻译，有时一个祠堂要反复跑几趟才有可能进行调查。快乐，是因为大家对祠堂项目式学习有兴趣，最重要的是这种学习方式会给我们带来很多惊喜、震撼，对一个生活在现代都市文明的人，能近距离触摸传统文化，感知深圳的昨天，那种感觉是语言无法言表的。

在调查中我们也发现，现在祠堂保护形势不容乐观。比如祠堂及周边文化空间相对封闭，祠堂多属于原住民的生活范围，但是外来移民已经占据了周边绝大的空间却很少有机会接近祠堂；在寸土寸金的深圳，祠堂所在的地理空间被大量压缩，周边土地多被开发，相关传统建筑被破坏；各地祠堂保护不平衡，由于原关内外地价差异，各村经济实力和传统文物保护意识的差别，一些祠堂损毁严重，环境堪忧；虽然政府公布了将一些祠堂作为文物保护对象的相关通知，但修缮祠堂建筑的成本较大，有些村级组织不积极，祠堂保护也相对滞后。

另外，随着时代的发展，祠堂的传统功能逐渐被取代，以前祠堂是族人祭拜先祖，办理婚、丧、寿、喜事的主要场所，也是家族其他公共事项的议事之地，曾经担当着村落法庭、教育、文化中心等角色，具有强大的凝聚力，但今天祠堂的历史印迹和文化正逐渐淡化。伴随着城中村老人的渐渐老去，新生代原住民对祠堂的了解和接触也越来越少。对祠堂文化的发掘、传承亟需加大力度。

祠堂文化是中华传统文化宝库中的瑰宝，是中华民族屹立于世界民族之林的文化地标。过去我们忽略了传统可以与现代相协调的一面，今天，在大湾区发展的新机遇下，在师生历时八年实地调研的基础上，我们提出了一些有价值的建议，吴磊老师作为政协委员还将其整理成议案上报政府，得到有关部门的积极反馈和高度重视。

学生撰写的祠堂调查报告和获奖证书（如图4-8-2所示）。

祠堂调查——简氏祠堂调查报告

G104小组：聂铭萱　龚乔　詹佳惠　钟家玉　黄栩　陈晓彤

	分类	图片	说明	备注
A 祠堂面貌	全貌①		简氏宗祠坐落于新洲祠堂村，为三三进三间二天井，带两侧廊房的砖、木、石建筑结构。面阔12.65米，进深32.05米，占地面积405平方米。祠堂的建筑主体为砖木结构，四周墙体用青砖砌筑，清水墙外墙面，辘筒灰瓦屋面，绿琉璃瓦剪边。正脊平直，中段雕绘有龙鱼、狮、鸳鸯等彩色图案，两端做博古饰，各有一彩色陶制鳌鱼，尾部上翘。垂脊的下部各有一黄色琉璃狮子作装饰。两侧山墙有博风灰塑。	该祠堂不对外开放
A	全貌②		周围都拆了旧农舍，盖了数十层的新楼房，红了芭蕉绿了樱桃几多春秋，简氏祠堂却一直没有移离自己存在民国乃至是清朝时就位处之地，始终作为一种宗族精神的地标，	
A	祠堂与行政区划的关系①		同堂位于新洲路与新洲二街之间的新洲六街。	
A	祠堂与行政区划的关系②		新洲六街路牌。	

图4-8-2

如何让"宗祠"焕发新风采，成为湾区文化的新热点？我们认为，一是要让祠堂的"故事"为人所知——历史文化、名人故居、传说典故、文物遗迹，都能成为"宗祠"传播的载体。优化祠堂周边环境，将其当作对公众开放的公共文化设施，特别是社区传统文化教育的重要组成部分，加强社区与中小学教育对接（如皇岗村的庄氏祠堂，这里有全国第一个"村级博物馆"），可以将其列为中小学传统文化和爱国主义教育的阵地，聘请深圳本土民俗专家讲解深圳本土文化，形成可传可讲的文化故事，让特区年轻人精神有依托，行为有敬畏，有利于传统的创新与传承。

二是要让祠堂"情怀"为人所感——家族寻根、特色美食、传统佳节、非遗绝技，都能成为"宗祠"文化的吸引点。深圳与港澳地域相近、文脉相亲，要利用其优势，以大湾区建设为背景，以祠堂建设为纽带，实施"同心工程"，挖掘寻根文化，加大与港澳、海外同胞的联系。在国家法定节假日比如中秋节、清明节等，在宗祠举行仪式，对祖先追思怀念，珍惜当下。

三是要让祠堂相关的"技艺"为人所承——加大对祠堂及周边物质和非物质文化的挖掘和保护，比如微雕、指掌画、剪纸等技艺以及具有特色的传统美味小吃等，还可以举行麒麟舞、木偶变脸、粤剧等多项非遗展演，积淀深圳城市文化底蕴。同时建议深圳现代建筑中适当融入传统风格，要加强公众的参与性，成为现代文明快节奏中深圳人的精神家园。让宗祠既有"中国味"又有"世界范"，全方位弘扬特区文化，推动优秀传统文化和世界优秀文化的交流互鉴。

城市要在国际竞争中立于不败之地，不仅要经济立市，也要文化立市。作为深圳人，我们有义务和责任去挖掘、保护这些传统的存在，寻根宗祠文化，传承家国情怀。为提升城市文化软实力，希望相关职能部门能给予宗祠文化更多的支持，让宗祠文化能在观光、探寻、体验、融入中得到传承与再生（如图4-8-3所示）。

图4-8-3

深圳学生眼里的祠堂：

这次的历史项目式学习，使我有了很多收获。原来我以为历史古迹离我们很远，但这次调查使我明白，历史无处不在。曾氏祠堂是深圳面积最大的祠堂，其独特的风格，处处弥漫着悠久的历史氛围。宗祠是历史的产物，当我们面对它时，心中更多的是虔诚以及对它的敬畏。

整个祠堂古朴静谧，环顾四周，不由得让你放轻脚步。天下斯文宗一贯，古今乔木第三家。出自曾氏先祖曾参的手笔妙联。走近，用手抚摸每一处石墙石柱，感受着时光在指间流逝。古老的石墙缝中依稀的荒草，有谁知道巨石的破碎成了历史的尘埃。在阳光照射下，建筑熠熠放射光芒，只是多了一份泛尘和沧桑。不禁感叹古人手艺的巧夺天工、惟妙惟肖。曾氏祠堂在苍茫的历史长河中，静静沉淀。

——洪秋彤《曾氏大宗祠调查》

此次曾氏祠堂调研，我收获良多。曾氏祠堂至今已有两百多年的历史，始于清朝嘉庆年间，有着浓厚的民族色彩以及浓厚的历史底蕴，保留至今对今人有着纪念和警醒的作用。在祠堂中，对于那些对弘扬家族文化和强大氏族势力的人予以记载，同时也激励着我们要不断前行不断奋斗，为家族增光添彩。同时，我也在思考着这样一个问题：弘扬传统文化至今还有多大的意义和作用？从微观来看，继承一个家庭或是一个氏族的传统文化，无非是想让这个家庭、这个氏族独有的文化符号被后人铭记；从宏观来看，让这个民族——中华民族，或是这个具有五千多年传统文化的文明古国能够更好地在这个弱肉强食的世界中生存下来。继承优良传统，铭记先人丰功伟绩是每个中华儿女的职责。

——邱骏江《曾氏大宗祠调查》

泱泱华夏，有上下五千年的历史，孕育出了许许多多的、只属于我们自己的辉煌文明。比如，牌坊、祠堂等古物，它们都静静地见证着历史的发展。

沈氏宗祠坐落在盐田沙头角的一个不起眼的小角落，门口散落一地已燃放过的爆竹，抬眼瞧，大红的灯笼高高悬挂在屋檐下，庄严中透露着丝丝喜庆。祠堂负责人沈爷爷用洋溢着浓浓客家方言的蹩脚普通话娓娓道来，他的眼眸中含着敬仰，讲得激动时还会伴有手势来更好地表达他心中的感情。

这是一座新建的祠堂，2005年由族人筹备、建成，祠堂正中间摆放着沈家始祖的神位，来庇佑这小小的沈家村。沈家人结婚或有什么重大事情时都会来神位这里拜一拜，然后放几挂鞭炮来收尾。

随着现代的发展，人们思想越来越前卫，也许许多年轻人已经不屑于来祠堂祭祖。若长久发展，也许它会埋没于滚滚红尘中，不为人所知，所以我们也要在清明或一些重大日子时来祭祖，为了文化的传承，也为了我们不忘记自己的祖先。一个忘记自己家族，忘记自己祖先的人是多么可悲。

风从林间轻轻吹过，沙沙地声音仿佛在诉说着什么。也让我们走近祠堂，走近历史，去用心地听它们的喃喃倾诉。

——侯雪聪《调查盐田沈氏祠堂有感》

这里竟然真的有家族祠堂，我都在这里生活了多久了。这是我看到祠堂的第一想法。

或许是新年刚过，这里显得有些冷清，不过对称挂着的红灯笼依旧喜庆，衬着白墙青瓦、蓝天枯树，有种古朴的味道。我们就贸然地进去了。这里本就是小地方，布局简洁明了。除了烧香的痕迹，更让我感兴趣的是墙上石头刻着"某某捐献多少钱"，就算到了别的地方，姓氏就好像一个无形的号角，把同族人召集在一起传承血脉。

我觉得很神奇，也忽然意识到中华文化大概就是因为这样，才从没断过。我希望，同学们要尊重这样的祠堂，有些东西一直在我们血液里，在六七十年前没有断的东西，不能在我们手中葬送。

——吴雨桐《调查盐田沈氏祠堂有感》

这个寒假我第一次走进祠堂，感受一个家族的繁荣昌盛，一代人的繁衍生存。

坐落在盐田沙头角不起眼的沈氏宗祠守护当地的官和村民。从深圳的小渔村到充满高楼大厦的新兴城市，沈氏宗祠也由原来的茅屋草房变成青砖红瓦。一直守护它的沈爷爷用蹩脚的普通话将家族的故事娓娓道来，一方土养育一方人，门前的柏油马路曾经是潺潺流水，家族随着深圳的繁华不断兴盛。调查期间，偶遇一个沈氏家族的大哥哥，说的也是别扭的普通话，一问才知他已留学澳大利亚多年，过年回来看望家人。先辈一番打拼给后代留下雄厚资本，沈氏家族的儿女也走向世界。但令人担忧的是往外走的人越来越多，今后还有人在傍晚扫扫祠堂，过年时在门前放着鞭炮，向外人兴致勃勃地讲述祠堂的历史吗？只愿香火不断，漂泊在外的儿女能心系在此，不忘它的守护。

深圳见证外来人口的代代传承，这座拔地而起的城市也会有历史的沉淀、文化的根基。我们一起创造。

——杨楠《调查盐田沈氏祠堂有感》

我在游历了陈仙姑祠后，觉得在古时候也有许多值得尊敬的人物，虽然有许多都是神话人物，但也很值得我们去考察。现在的社会是一个崇高高速度的社会，我们更应该放慢脚步去回顾历史，回顾那一段祖先们不懈奋斗的历史。每一段历史都有着它独特的地方，我要缅怀先烈，不忘历史，在历史长河中找到那一颗颗璀璨的星星。

在这个信息化的时代，我们有多种方式去置身于历史中，比如说多看一些史书，在电视中找到一些历史的痕迹，或者是回到自己的家乡去考察一下属于自己的历史，或许也会有很多奇妙的发现。

——王译《考察深圳水贝陈仙姑祠有感》

　　这次的祠堂调查中，我们选择的是位于石厦的赵氏宗祠。祠堂被一些居民楼包围，并不容易看到，我们绕了一大圈才找到。宗祠占地不大，但装修不错，看得出来族人对这个祠堂也是很重视的。我们去的时候并没有赵氏的人在，只有一个守门的大叔，他十分耐心地告诉我们他所知道的所有有关祠堂的事情，我们很感谢那位大叔给我们提供了不少关于宗祠的现况。在我们调查的时候，有两个游客也进入了祠堂，我们互相交流了一下，对祠堂的历史又有了一些新的了解，这时能碰到对历史感兴趣的人真是太棒了。

　　这次祠堂之行，让我发现深圳并不是"文化沙漠"，像这样大大小小的祠堂在深圳还有很多，深圳并不是没有历史，祠堂里便承载着这座城市先民的根。另外我知道了，历史不只是存在于史书上的，在我们的身边就有很多可以看见的，可以直接感受到的历史，我们应学会从社会中感受历史，学习历史，继承我们的文化。

——廖炯焘、沈雅雯《调查石厦赵氏宗祠有感》

　　姓氏是人立世之本，但身为高中生的我们却很少细想自己名字背后的内涵及历史。而本次历史作业在带给我们小组调查研究这种全新的学习方式时，也通过调查祠堂使我们懂得了姓氏及家族的含义。

　　我们小组选择调查的是黄公祠。说实话，第一眼看到它的时候，我便对这简陋破败的小祠堂有了几分轻视。但经过长达5天的调查后，我便对它充满了敬意。它象征的是一位值得尊敬的先辈，是一个值得尊敬的家族。而由此，我也联想到了自己，我的祖辈，我的家族，又有着怎样的过往？

　　每一个姓氏背后都有一段值得探索的历史，这次的历史项目式学习，不仅让我了解了一座祠堂，更让我了解了祠堂或者说是姓氏背后的意义，这份作业，我终生难忘。

———陈墨轩《调查梅庄黄公祠有感》

我是在深圳长大的，所以我对深圳有着非常深厚的感情。前人讲究建祠谨记先祖功绩，继承前辈的恩德。有文章写道："居则容膝可安，而必有祖祠、有宗祠、有支祠"（陈盛韶《问俗录》）。

可见，祠堂是家族不可或缺的重要设施。张家村重建祠堂，弘扬传统文化，维系族人情感，亦为发展旅游业新添一景点，善莫大焉！

我知道所有的深圳人都与我一样，希望这座城市越来越漂亮，但漂亮的外表下也有着丰富的文化底蕴，更希望这些文化底蕴不被改造、不被摧毁，世世代代把曾氏的祠堂文化传承下去。

——余世杰《调查曾氏大宗祠有感》

曾氏大宗祠在深圳这个繁华的大都市中是一道别样的风景，在这个人人匆忙前行的年轻城市——深圳，这样的一个传统祠堂能保存到如今实属不易。

祭拜的含义是崇敬和缅怀，感悟宽厚与仁爱，是继承和发扬，而不是寻求祖先的庇护和保佑。敬祖是活着的人对逝去的人的一个追念，是人类特有的精神依托与精神安慰的传承。一个人如果不思进取，每天都只是跪在祖宗的灵前，很虔诚、很恭敬地祈祷祖先来保佑庇护，而不去劳动创造，结果只能是饿死。因为仅凭祈愿，天上是不会掉馅饼的！所以明确祠堂的现代意义是十分重要的。

——梁辰《调查曾氏大宗祠有感》

欣赏一座古祠堂，犹如穿越一段历史的长廊；会晤一座古祠堂，犹如聆听一位苍老明世的长者心声。"这是不少人欣赏完古祠堂后的感悟，现在的我所想的正是如此。来到这里，我仿佛回到了几百年前，尽管这个家族与我没有任何的联系，但在心灵的穿越碰撞中，我感受到了几百年来历史的沧桑。

——刘浩铭《调查曾氏大宗祠有感》

走进祠内，祠内祀南宋民族英雄文天祥，楹柱刻有许多佳联，现介绍两联于下：花外子归燕市月，柳边精卫浙江潮！久要不忘平生之言，古谊若龟鉴，忠肝若铁石！敢问何谓浩然之气？镇地为河岳，丽天为日星！第一联摘自明代诗人边贡谒文山祠诗，文字壮丽，令人读后想见文天祥当年慷慨悲歌、从容就义的凛然气节。"柳"原作"水"。第二联语气豪迈，也切合人物身份。祠堂留给后人的是不可再生的精美建筑艺术，珍贵的文化记忆以及浓厚的民俗文化，它们具有历史研究价值。随着时间的流逝、社会的发展，这些矗立了数百年甚至上千年的祠堂建筑，有的被破坏，有的失去了其原来的意义。我们参观祠堂，不应该只顾拍照，更应进一步探求它们所具有的象征意义和文化特性，从而更好地保护它们，传承它们。

我觉得学校或者家庭应该多组织这些有意义的活动，让更多人能够感受到中国的民俗文化，体会到传承文化的重要性。

——李旭晴《调查信国公文氏祠有感》

（本案例由深圳市红岭中学吴磊、张迁老师提供）